Caroline Deacon

BÉBÉ CALME

•MARABOUT•

Originally published in English by HarperCollins Publishers Ltd under the title *Babycalming.*

Traduit de l'anglais par Tina Calogirou.
Avec la collaboration de Valérie Mettais.

Sommaire

Deuxième temps
« Rassure-moi ! »

Troisième temps
« Et si on allait au lit ? »

Annexes

Remerciements

Je tiens avant tout à remercier le National Childbirth Trust, une association formidable à laquelle j'ai adhéré voici onze ans, alors que j'attendais mon premier enfant. Le NCT m'a apporté de nombreuses informations, un appui inestimable ainsi qu'un nouveau cercle d'amis. Sans lui, toutes les décisions que j'ai prises dans ma vie de mère auraient été bien moins avisées.

Au National Childbirth Trust, j'aimerais remercier Sonia Leach, éditrice chez NCT Publishing, qui m'a soutenue tout au long de la rédaction de cet ouvrage, Linda Griffiths, bibliothécaire et documentaliste, infatigable dans la traque du moindre article scientifique, Rosie Dodds, chargée de recherches, et Hilary English, conseillère en allaitement, pour l'intelligence de leurs contributions.

Merci à tous les parents qui, en me livrant leur propre expérience, ont permis la genèse de cet ouvrage. Merci aux conseillères en allaitement et aux chargées des cours de préparation à la naissance qui expliquent à merveille toute l'organisation à mettre en place, tout ce qu'il faut savoir sur le sommeil, et mille et une autres choses encore. Vous êtes trop nombreux pour être tous cités, mais les personnes auxquelles je pense se reconnaîtront sans peine !

Mes remerciements les plus chaleureux vont à ma famille.

Merci à Mark qui, sans se plaindre, a enduré mes onze années d'engagement auprès du National Childbirth Trust, gardant les enfants pendant les innombrables soirées et week-ends consacrés à la formation, aux réunions de comité…

Merci à mes trois enfants pour m'avoir fait découvrir l'univers fascinant de la maternité. Merci pour les coliques et les nuits blanches, merci d'avoir supporté nos tâtonnements incessants pour devenir de bons parents. Alasdair, Chris et Josie, merci à vous.

AVANT-PROPOS

POURQUOI VOUS AVEZ BIEN FAIT D'OUVRIR CE LIVRE

Après avoir été ardemment attendu pendant neuf mois, votre bébé va naître. Ce jour-là, vous allez découvrir l'exaltation et l'émerveillement, mais vous allez également constater que votre vie est devenue plutôt chaotique ; même les plus organisées d'entre vous n'y couperont pas. Pour les parents dont c'est le premier enfant, c'est le baptême du feu – vous le savez certainement, les bébés sont livrés sans mode d'emploi –, et il est facile de se sentir dépassé par ce sentiment de responsabilité.

Vos besoins, vos espérances

Comme la plupart des gens, vous vivez sans doute un œil rivé sur la montre et l'autre sur la tâche en cours. Votre existence est bien structurée et, au cours d'une journée, vous faites un certain nombre de choses selon un ordre défini. Par conséquent, il est parfaitement naturel d'espérer que les habitudes de votre bébé seront conciliables avec les vôtres et que ce cher enfant vous permettra de planifier et de gérer le déroulement de votre vie quotidienne.

Vous espérez également que votre bébé sera très heureux, qu'il mangera avec appétit et qu'il dormira bien. Et quand il pleurera, vous aimeriez que ses désirs soient clairement exprimés afin de pouvoir les satisfaire au mieux.

Or, le problème est que la majeure partie des bébés ne se comportent pas tout à fait de la sorte : ils pleurent sans raison apparente, dorment par petits sommes et réclament à manger en permanence. La notion d'horloge intérieure leur semble totalement étrangère ; quant à la pendule fixée au mur du salon, elle ne les intéresse pas le moins du monde !

Ses besoins, ses attentes

Pendant sa vie intra-utérine, un bébé est porté, bercé et déplacé dans le ventre de sa mère ; en contact permanent avec elle, il entend les battements de son cœur, il perçoit sa voix, il sent la chaleur de son corps et il est serré étroitement. Après sa naissance, il pense en toute bonne foi que les choses vont continuer ainsi, qu'il restera en contact permanent avec un autre être humain, blotti tout contre lui, bien au chaud et en sécurité.

Un bébé qui se sent abandonné pleure : cette réaction est apparue au fil de plusieurs millions d'années d'évolution afin qu'un adulte responsable se charge de lui et garantisse sa survie. Quand il a faim, quand il a une sensation d'inconfort, quand il s'ennuie ou bien quand il est fatigué, un bébé pleure.

Comprendre votre bébé

Selon le psychologue Abraham H. Maslow, pour qu'un être humain soit épanoui, pour qu'il puisse atteindre son plein potentiel, jouir de la vie et se réaliser, ses besoins fondamentaux doivent être assouvis. Impossible de se concentrer sur un livre ou sur un film quand on a soif, faim ou une envie pressante. Comment un individu pourrait-il s'intéresser à la philosophie ou à l'art s'il n'a pas de logement ou si sa sécurité le préoccupe ? Les bébés fonctionnent de la même manière. Quand leurs besoins fondamentaux ne sont pas satisfaits, ils ne se sentent ni heureux ni en sécurité. Mais s'il y a de nombreuses similitudes entre les besoins d'un adulte et ceux d'un bébé, il existe également des différences.

Tout être humain a besoin d'avoir suffisamment à boire et à manger, des temps de repos et de sommeil, ainsi qu'un sentiment de sécurité. Pour un adulte, cela signifie par exemple que son loyer ou sa mensualité de crédit est payé, que sa maison se situe dans un endroit sûr et qu'il peut dormir, la nuit, sur ses deux oreilles. Pour un bébé, le sentiment de sécurité est différent : il attend qu'un adulte le protège de tous les dangers ; pour lui, la sécurité est synonyme de présence d'un autre être humain. Quand un adulte fiable se trouve à proximité, alors un bébé peut se détendre.

Les règles du jeu changent tout le temps

Pour qu'un bébé soit apaisé et heureux, ses trois besoins fondamentaux doivent être satisfaits : avoir des contacts humains, manger et dormir. Au fil du temps, les réponses apportées à ces besoins ainsi que l'équilibre entre eux se modifient. Pour de jeunes parents, sans doute est-ce l'une des choses les plus difficiles à comprendre : les règles du jeu changent tout le temps ; ce qui fonctionnait hier ne marchera plus demain. Une erreur fort répandue est de croire que les méthodes restent les mêmes. Eh bien non : nourrir un enfant dès qu'il a faim, de jour comme de nuit, est parfaitement adapté à un nouveau-né de deux semaines, mais deux ans plus tard ce n'est plus vraiment le cas ; prendre un nourrisson de cinq semaines dans sa chambre est une solution sûre et simple, mais partager son lit avec un grand de cinq ans est nettement moins facile ; quant à dormir avec un adolescent, c'est plutôt incongru ! Vous accourez quand votre bébé pleure ? C'est parfait. Mais se précipiter dès qu'un enfant de deux ans hurle pour avoir des bonbons n'est pas vraiment une bonne idée.

Tout bébé en bonne santé cherche à communiquer, à exprimer ses besoins et à faire sentir sa présence. Dans un premier temps, la seule manière dont il dispose pour attirer votre attention est de pleurer : si vous le comprenez et si vous répondez à ses besoins, il n'aura en général pas à pleurer longtemps, et vous passerez alors ensemble de longs moments tranquilles et heureux. Ce qui n'implique pas pour autant de terribles sacrifices de la part des parents. En temps normal, les besoins d'un adulte et ceux d'un enfant ne sont pas diamétralement opposés : dame Nature a conçu un système permettant à tous de vivre en harmonie.

Vous êtes sur la bonne voie

Cet ouvrage est fondamentalement différent de tous les livres traitant de puériculture et des diverses façons de s'occuper d'un bébé.

Certains vous conseillent de vous fier à vos instincts, avant de vous laisser livrée à vous-même. Ils reposent sur l'idée suivante : répondez en permanence, d'une manière inconditionnelle, à votre bébé et il deviendra, à terme, le type d'enfant que vous voulez qu'il soit. Mais la plupart des parents veulent être davantage guidés et rassurés.

D'autres livres – et cette approche est aujourd'hui plus courante – préconisent des horaires rigides, à imposer à votre bébé dès le premier jour de sa naissance. À quelques rares exceptions près, où ce rythme convient à la fois aux parents et à l'enfant, il y a fort à parier que cela rendra tout le monde malheureux. Et si ces horaires vous avaient satisfaits, il est sûr que, de toutes manières, vous et votre bébé, vous les auriez adoptés !

Il existe enfin une troisième voie, la voie du milieu, qui consiste à comprendre les besoins d'un bébé, à y répondre d'une façon adéquate et à fixer des limites nécessaires à l'équilibre d'un enfant – le tout au bon moment et d'une manière qui ne soit pas en totale contradiction avec les besoins d'un adulte.

L'ouvrage que voici emprunte cette troisième voie : il va vous montrer ce qui est approprié et à quel moment. S'appuyant à la fois sur des méthodes éprouvées sur le terrain, tirées de mon activité de conseillère en allaitement au National Childbirth Trust et de mon expérience comme mère de trois enfants, ainsi que sur de nombreuses recherches scientifiques, ce livre vous propose un programme en trois temps, correspondant aux trois besoins fondamentaux de votre bébé. Il va vous aider à concevoir puis à mettre en place une organisation qui conviendra à tous.

En matière de puériculture et d'éducation, les idées n'ont cessé de changer au fil du temps. Des parents ne peuvent faire que ce qui leur semble le mieux pour leur enfant à la lumière des informations et des conseils dont ils disposent à un moment donné. Le jour où vous vous sentirez dépassée ou préoccupée, gardez bien cela à l'esprit, sans vous inquiéter ni vous culpabiliser. Au contraire : profitez de votre bébé, célébrez sa présence dans votre existence et soyez assurée que, si vous parvenez à assouvir ses trois besoins fondamentaux, vous êtes sur la bonne voie pour qu'il devienne un bébé calme, serein et très heureux.

De la naissance aux premiers pas

CHAPITRE 1

QU'EST-CE QUI FAIT PLEURER LES BÉBÉS ?

« Mon deuxième bébé pleurait beaucoup car il voulait toujours être dans mes bras. Or ma fille, qui n'avait que vingt mois, avait également besoin de sa maman. Une amie m'a vendu un porte-bébé ventral, ce qui m'a permis, pendant les premières semaines, de garder tout le temps mon fils contre moi. Il était calme et content, et moi j'ai pu vaquer à mes occupations. »

SONIA, maman d'Anna, de Ricky et de Jessica.

Si la plupart des gens parviennent à supporter et à oublier les bruits les plus divers de leur environnement – un brouhaha, un ronflement de moteur, jusqu'au fond sonore permanent de la radio ou de la télévision –, il suffit qu'un bébé se mette à pleurer dans une pièce pour que tout le monde se fige et se crispe : « Faites cesser immédiatement ces pleurs ! »

Tout dans l'apparence d'un bébé invite à prendre soin de lui : son front arrondi et lisse, ses yeux immenses, sa tête proportionnellement plus grosse que celle d'un adulte… À l'instar des autres mammifères, ces signaux veulent dire : « Regardez, je suis un bébé. Alors occupez-vous de moi ! » De la même façon, ses pleurs sont destinés à lui assurer sur-le-champ l'attention d'un adulte. Car, chez tout être humain, les pleurs d'un nourrisson provoquent une accélération du rythme cardiaque et une augmentation de la tension artérielle et de la transpiration, c'est-à-dire les manifestations les plus courantes du stress : ces pleurs sont donc conçus pour créer du stress et engendrer une réaction immédiate.

Est-il facile de s'y retrouver ?

Rapidement, une mère reconnaît les pleurs de son enfant. À tel point qu'à la maternité, après trois nuits seulement passées dans une chambre avec d'autres mamans, une jeune mère sait, dans son sommeil, identifier les pleurs de son bébé.

Rassurez-vous : vous apprendrez à comprendre ce que votre enfant cherche à exprimer, même si ses pleurs ne constituent pas véritablement un langage à part entière, où tel pleur signifierait : « J'ai faim ! » tandis que tel autre voudrait dire : « Je m'ennuie ! » En effet, chez la plupart des bébés, seuls l'intensité et le volume sonores changent, plus que la nature ou le ton – mais, à mesure qu'il grandira, rassurez-vous encore, il saura de mieux en mieux vous faire comprendre ce qu'il désire.

Plusieurs études scientifiques ont montré la difficulté qu'il y a à identifier l'origine de pleurs. Dans l'une d'entre elles, des chercheurs ont fait écouter à de jeunes mamans deux enregistrements de pleurs : l'un était celui d'un bébé âgé de un mois qui avait faim, l'autre celui d'un nouveau-né venant de subir une circoncision. Priées de déterminer si les bébés avaient faim, sommeil, mal quelque part, s'ils étaient en colère, s'ils avaient peur ou bien si leur couche était souillée, seules 25 % des femmes interrogées ont reconnu l'origine des pleurs du premier bébé, celui qui avait faim – 40 % d'entre elles ont attribué les pleurs à la fatigue. Pour l'autre enregistrement, 40 % des mères seulement ont identifié le pleur de douleur, et 30 % ont pensé que le bébé était effrayé ou en colère. Dans une autre étude réalisée en Finlande, des chercheurs ont fait écouter des enregistrements de pleurs à quatre-vingts puéricultrices très expérimentées : elles ont identifié leur origine dans 50 % des cas seulement.

Par ailleurs, des scientifiques ont analysé des pleurs de bébés avec un équipement de mesures acoustiques. Ainsi, Barry Lester, de la Brown University, aux États-Unis, a constaté que des pleurs dus à certaines pathologies étaient faciles à identifier ; par exemple, les pleurs d'un bébé victime de malnutrition sont faibles et ceux d'un bébé souffrant du « cri du chat », une maladie héréditaire du système nerveux, sont caractéristiques car ils évoquent les cris d'un félin. Excepté ces cas particuliers, il semble impossible d'établir une classification des pleurs qui permettrait leur décryptage.

Tout cela ne signifie pas pour autant qu'il est inutile de chercher l'origine des pleurs de votre bébé ! Peu à peu, vous finirez par savoir ce qu'il veut : non pas parce que vous aurez appris à interpréter ses pleurs, mais parce que vous le connaîtrez bien, parce que vous saurez ce qu'il aime et ce qu'il déteste, parce que vous saurez le déroulement de sa journée. Vient-il de manger ? A-t-il besoin de faire une sieste ?… Et c'est là que mon programme en trois temps intervient, en vous aidant à réfléchir aux réponses à apporter. Au fil du temps, à mesure que vous gagnerez en confiance, que vous et votre bébé aurez fait connaissance, vous saurez, sans appui extérieur, trouver ce qui le chagrine.

Les bébés ont de l'oreille

Certains chercheurs ont fait écouter à des nouveau-nés des enregistrements de pleurs de bébés. Ils ont constaté que, dès la naissance, un enfant parvient à distinguer ses propres pleurs de ceux des autres. Par ailleurs, les pleurs de nouveau-nés déclenchent souvent des pleurs de « compassion » de la part de leurs congénères. En revanche, ils ne sont pas du tout dérangés par des pleurs simulés par ordinateur, ni par ceux d'un bébé chimpanzé, ni même par ceux d'un nourrisson de cinq mois. Ils savent donc parfaitement s'y retrouver.

Va-t-il devenir « capricieux » ?

Selon certaines personnes, prendre un bébé dans les bras dès qu'il pleure, c'est l'encourager à pleurer davantage et à devenir « capricieux ». D'ailleurs, nombreuses sont les méthodes d'apprentissage du sommeil qui reposent sur cette idée (voir le chapitre 19). Apportons tout de suite une réponse : cela dépend de l'âge de votre enfant.

S'il est vrai qu'à un certain âge on peut encourager un bébé à s'endormir seul – et risquer donc de le voir pleurer –, en revanche un nouveau-né qu'on laisse pleurer ne se sent ni aimé ni en sécurité mais tout simplement abandonné : aussi petit, il est totalement incapable de comprendre pourquoi il devrait attendre. À l'opposé, s'il constate que vous répondez à ses pleurs, il comprendra qu'il n'est pas seul, que vous êtes là pour lui, qu'il peut influer sur le monde qui l'entoure et que ce monde est fiable. Autant de leçons qui seront pour lui primordiales.

Répondre à ses besoins, c'est l'aider à grandir

Si vous prenez le temps d'être attentive aux besoins de votre bébé, non seulement votre relation sera plus épanouie et il deviendra plus heureux mais vous favoriserez également son développement.

C'est ce que prouve l'étude menée par Barry Lester, de la Brown University : après avoir enregistré les pleurs de bébés âgés de un mois, il les a fait écouter à leurs mères respectives en leur demandant d'identifier leur origine. Il a constaté que les bébés dont les mères avaient déterminé pourquoi ils pleuraient témoignaient, à dix-huit mois, de plus grandes facultés intellectuelles et d'un vocabulaire deux fois et demi plus riche que les autres. Une mère sachant décrypter le message de son enfant est donc plus apte à lui fournir un environnement qui favorisera l'épanouissement de ses facultés cognitives : telle a été la conclusion de Barry Lester.

Gardez toujours ceci à l'esprit : la plupart des bébés ont des besoins assez simples à assouvir – être touchés, être pris dans les bras, manger, être à l'aise, se sentir en sécurité, avoir de la compagnie et dormir. S'ils pleurent, c'est pour exprimer un problème et, tout ce qu'ils veulent, c'est qu'une personne le règle. Votre bébé ne pleure pas pour vous embêter, pour faire un caprice ou pour tout autre motif. Alors, quand vous tenterez d'interpréter ses pleurs, essayez toujours de ne pas projeter vos propres sentiments sur votre enfant.

Lorsqu'il deviendra plus grand, vous pourrez l'inciter à utiliser d'autres méthodes de communication, en mettant des mots, par exemple : « Ah, tu as faim, c'est ça ? » Et quand il s'agitera, si vous restez calme, il apprendra à s'apaiser et à se contrôler. Plus tard, après son premier anniversaire, il pourra intégrer la notion de gratification différée (voir le chapitre 5) ; ne pas répondre tout de suite à un jeune enfant n'est pas du tout néfaste.

À problèmes simples, réponses calmes

Faites-vous tout simplement confiance : à votre avis, de quoi a besoin votre enfant ? Vous êtes sans conteste la personne la mieux placée pour répondre à cette question.

Premier temps, première question : a-t-il faim ?

Durant les premières semaines de leur bébé, la plupart des mères se disent que, s'il pleure, c'est sans doute qu'il a faim. Téter est réconfortant, et il est impossible de trop nourrir un bébé au sein. Si vous donnez le biberon, surveillez la quantité consommée pendant vingt-quatre heures ; en respectant les quantités et les dosages conseillés, vous ne risquez pas de trop donner à manger.

Votre bébé ouvre grande la bouche, la langue vers le bas, et tourne la tête de gauche à droite ? C'est le réflexe de fouissement, indiquant d'une manière très fiable qu'il a faim et qu'il veut téter. Pourquoi ne pas guetter ces signes et y répondre avant même que commencent les pleurs ? Nourrir un bébé à la demande est très important, surtout en cas d'allaitement maternel ; il existe également plusieurs manières d'assouvir le besoin de succion (voir le chapitre 9).

Deuxième temps, deuxième question : est-il à l'aise ou s'ennuie-t-il ?

Vérifiez sa couche ; au besoin, changez-la. Posez la main sur son ventre pour voir s'il a froid ou au contraire s'il a trop chaud. A-t-il mal ? S'il souffre, sans doute ne s'arrêtera-t-il pas de pleurer, même si vous le prenez dans vos bras ; ses cris seront alors soutenus et stridents, avec un temps d'arrêt marqué pendant le pleur. Si vous avez la moindre inquiétude, appelez votre médecin.

Vous avez passé en revue tous les problèmes, et rien n'y fait. Alors, votre enfant exprime peut-être un sentiment de peur, de solitude, ou bien de l'ennui. Car un bébé a terriblement besoin de la compagnie d'un autre être humain pour être bien. En ce cas, sans doute cessera-t-il de pleurer quand vous le prendrez dans vos bras (voir les suggestions pour apaiser un bébé qui pleure dans les chapitres 10 à 12).

Le pédiatre Terry B. Brazelton conseille aux parents de ne pas se précipiter dans la chambre du bébé mais d'attendre un peu pour voir s'il parvient à se calmer tout seul. Voici ses six recommandations, à appliquer les unes après les autres :

1. Montrez votre visage à votre bébé, pour voir si cela le rassure.

2. Puis parlez-lui doucement : peut-être votre visage et votre voix suffiront-ils à l'apaiser.

3. Posez délicatement une main bien chaude sur son ventre.

4. Posez vos deux mains sur lui, en maintenant ses bras et ses jambes.

5. Si rien ne marche, prenez-le dans vos bras. Tenez-le d'une manière qui le sécurise.

6. Aidez-le à attraper ses poings ou ses doigts pour les sucer (voir le chapitre 12). Téter est en effet la chose la plus apaisante qui soit.

Troisième temps, troisième question : est-il fatigué ?

Un nourrisson ne sait pas encore très bien s'endormir tout seul, et il lui arrive de pleurer longtemps de fatigue. Or, pour grandir et se développer, il a besoin de beaucoup de sommeil. Il vous faudra lui apprendre à s'endormir, et concilier son sommeil et celui de toute la famille (voir les chapitres 17 à 24).

CHAPITRE 2

LES SIX PREMIÈRES SEMAINES : LA DÉCOUVERTE DU MONDE

« Ma fille Charlotte a souffert de violentes coliques, ou du moins elle avait beaucoup de gaz. Nous avons constaté que la meilleure méthode pour faire remonter l'air qu'elle avait dans le ventre consistait à lui tapoter le dos, en trois temps : tout d'abord le bas, puis le milieu, enfin le haut, comme pour aider l'air à remonter ! »

ELIZABETH, maman de Charlotte.

De toutes les cultures passées et présentes, la culture occidentale est sans doute celle qui accorde le moins de place aux bébés. À peine les femmes ont-elles accouché qu'elles veulent, quelques jours ou quelques semaines plus tard, reprendre leur existence normale. Nous avons oublié qu'un accouchement, même sans intervention chirurgicale ni complications, demande un effort considérable, comparable à celui d'un marathon.

Pensez à vous…

Dans la plupart des pays, les jeunes mères sont prises en charge par les autres femmes pendant quarante jours environ après l'accouchement – ce qui est une excellente chose. Les anecdotes rapportées au sujet de femmes accouchant en bordure d'un champ et reprenant leur travail sitôt l'enfant né relèvent entièrement du mythe. Dans presque toutes les sociétés, les femmes gardent le lit après l'accouchement.

Un repos de six semaines permet à la mère de se rétablir, de mettre en place l'allaitement et de faire tranquillement connaissance avec son bébé. Pendant cette période, la jeune maman a grand besoin d'aide, d'amour et d'attention : elle aussi a grand besoin d'être maternée.

… et pensez à votre bébé

Le nouveau-né a besoin de temps pour s'habituer au monde qui l'entoure, pour développer des compétences et pour comprendre ce qu'on attend de lui. S'il est fascinant de voir le nombre de choses qu'il maîtrise déjà, il n'en dépend pas moins entièrement de vous, et il a besoin de vous pour apprendre peu à peu à se débrouiller tout seul.

Aujourd'hui, nous sommes si pressés d'aller de l'avant, de retrouver une vie active réglée comme du papier à musique, de passer à l'étape suivante… Mais un bébé a besoin de temps, surtout pendant ses six premières semaines. Car tout se fait alors lentement. Mais ne vous inquiétez pas : les choses iront plus vite dans les mois qui suivront. En attendant, considérez ces six semaines comme une « lune de miel » ou plutôt comme une « lune de lait » passée avec votre bébé, et profitez-en !

Cette période permet à la maman et à son enfant de rester en contact étroit. D'autres mammifères créent des liens par imprégnation : pendant les jours qui suivent la naissance, les chèvres et les moutons par exemple ont besoin d'être collés à leur mère pour établir des liens. Il en est de même pour nous, êtres humains.

La théorie de Tine Thevenin sur l'éducation occidentale est intéressante : dans nos sociétés modernes, l'indépendance constitue une valeur essentielle ; or, il s'agit d'une valeur masculine. Les femmes, souligne-t-elle, ont moins de problèmes avec la notion de dépendance mais, parce qu'elles vivent dans une société dominée par les hommes, elles ont tendance à pousser leur bébé vers l'indépendance plus tôt qu'il ne faudrait. D'où le désir de faire dormir un nouveau-né tout seul dans son berceau au lieu de le garder serré tout contre soi.

Premier temps, premier apprentissage : se nourrir

Pendant les six premières semaines de son existence, un bébé doit manger beaucoup car son estomac, de la taille d'une noix, se vide rapidement. Ce tout petit être n'a pas encore l'habitude de s'alimenter ; il lui faut donc du temps pour remplir son minuscule ventre. S'il est nourri au sein, il doit manger souvent afin que la lactation se mette en place, et c'est à vous de l'aider en le tenant le mieux possible – il ne sait pas encore changer de position.

Pour survivre, il lui faut grandir et prendre des forces : au cours des premiers mois, il doublera son poids de naissance. Jamais plus il ne connaîtra une telle croissance.

Durant cette période et surtout si vous l'allaitez, sans doute aurez-vous le sentiment de passer votre temps à nourrir votre bébé. Mais n'écoutez pas trop les conseils contradictoires qu'on ne manquera pas de vous prodiguer à propos de l'alimentation. L'allaitement maternel est vraiment ce que vous pouvez faire de mieux pour votre enfant : ça vaut la peine de consacrer du temps à cet apprentissage (voir les chapitres 6 à 9).

Votre bébé passe beaucoup de temps au sein, et ça vous inquiète ? Peut-être pouvez-vous améliorer un peu sa position afin qu'il tète d'une manière plus efficace, donc plus rapide (voir le chapitre 6). Et si vous êtes vraiment anxieuse, n'hésitez pas à appeler soit votre pédiatre, soit une puéricultrice de la maternité où vous avez accouché, ou encore, par exemple, une animatrice de la Leche League (voir en annexe les adresses utiles).

Gardez toujours ceci à l'esprit : pendant ces six premières semaines, il est essentiel d'allaiter votre bébé à la demande, dès qu'il semble avoir faim (voir les chapitres 6 à 9). Tout se passera plus facilement si vous commencez à le nourrir avant les premiers pleurs, car un nourrisson qui pleure utilise de l'énergie et ne mange pas toujours d'une manière optimale. À cette étape, c'est lui et lui seul qui décide de l'heure des repas. Une organisation et des habitudes se mettront en place, mais plus tard.

Pour l'heure, reposez-vous et remettez-vous de l'accouchement, car avant d'avoir eu le temps de dire « ouf » vous en serez déjà à l'étape suivante, où vous pourrez réfléchir à des horaires, aux biberons et à tout le reste. Quand votre bébé aura six mois, les repas n'occuperont qu'une petite partie de votre vie à tous les deux ; et quand il marchera, il se pourrait bien qu'il soit tellement occupé à explorer le monde qu'il refuse de se consacrer à des choses aussi triviales que les repas !

LES BÉBÉS ONT BESOIN D'ATTENTION

Dans les années 1940, le psychiatre René Spitz réalisa une étude comparative portant sur deux groupes de bébés défavorisés.

Le premier groupe réunissait des bébés élevés en prison par leurs mères, qui leur prodiguaient attention et affection ; ils passaient la majeure partie de leur temps dans la pouponnière de la prison. Malgré cet environnement difficile, ces bébés ont connu un développement normal.

Le second groupe était composé d'enfants vivant en orphelinat – avec une puéricultrice pour huit bébés. Ces enfants passaient leurs journées dans leur berceau, qu'ils ne quittaient que pour être nourris et changés. Afin d'éviter la propagation des infections, les parois des berceaux étaient recouvertes de draps, de sorte que les bébés ne voyaient pas ce qui se passait autour d'eux. Hélas, bon nombre de ces enfants n'ont pas atteint l'âge de deux ans, et ceux qui ont survécu étaient chétifs et présentaient de graves retards de développement tant sur le plan affectif que psychique. À trois ans, rares étaient ceux qui savaient marcher et parler ; ils étaient renfermés et apathiques.

Deuxième temps, deuxième apprentissage : se rassurer

Pendant ses premières semaines, un bébé a une multitude d'informations à traiter ; pour lui, tout est nouveau. Les pleurs constituent son moyen de communication le plus efficace, et il est fort possible qu'il pleure et qu'il geigne bien plus qu'à tout autre moment de son existence : voilà une réaction qui n'a rien de surprenant si l'on considère le bouleversement survenu dans son environnement, passant du ventre de sa mère au monde extérieur. Souvent, les choses qui rappellent la vie intra-utérine calment les bébés : certains bruits, le balancement, les mouvements et les rythmes réguliers, la sensation d'être tenu serré (voir le chapitre 10)...

Pour le rassurer et l'apaiser, prenez souvent votre bébé dans les bras, enveloppez-le dans une couverture, bercez-le, portez-le, tenez-le tout contre vous... Les contacts avec d'autres personnes lui plairont également. Il appréciera sans doute les bruits de fond : la voix de sa maman, bien sûr, mais aussi les bruits réguliers, comme ceux du lave-linge, de l'aspirateur ou de la voiture (voir les chapitres 10 à 12 pour de nombreux conseils pratiques).

Par ailleurs, certains bébés pleurent beaucoup, ce qu'on attribue à des « coliques » (voir les chapitres 13 à 16). Enfin, ne vous inquiétez pas si votre enfant semble avoir grand besoin d'être apaisé : à son âge, c'est normal ; ça passera. D'ici là, faites tout ce qu'il vous semble bon pour lui.

Troisième temps, troisième apprentissage : s'endormir

Un nouveau-né dort énormément, beaucoup plus qu'à tout autre moment de sa vie. Son sommeil est encore irrégulier, divisé en petites siestes, et ne tient pas compte du jour et de la nuit ; une fois réveillé, il a parfois du mal à se rendormir tout seul.

Pendant ces six premières semaines, ses repères vont peu à peu se mettre en place. Il va ainsi commencer à distinguer le jour de la nuit. Aidez-le à faire la différence : la nuit, contentez-vous d'allumer une petite lumière ; limitez au strict minimum les bruits, les paroles et les interactions ; si la couche n'est pas souillée, ne la changez pas. Et comme votre bébé va se réveiller plusieurs fois dans la nuit, la meilleure solution est de le prendre dans votre chambre, et la plus simple dans votre lit.

Quand vous commencerez à y voir plus clair, vous pourrez mettre en place un début de rituel du coucher, qui aidera votre bébé à s'endormir (voir les chapitres 17 à 24 pour tout savoir sur les mécanismes du sommeil et les manières d'aider un enfant à s'endormir).

Tout cela signifie que vous allez passer beaucoup de temps à vous occuper de votre bébé. Mais, comme toutes les étapes dans la vie d'un parent, celle-ci dure peu. Alors concentrez-vous sur votre enfant et donnez-lui du temps.

CHAPITRE 3

DE SIX SEMAINES À SIX MOIS : LES CHOSES SE METTENT EN PLACE

« Notre première fille, Summer, a eu de violentes coliques pendant six mois. Alors que nous commencions à nous dire que nous n'en verrions jamais le bout, les coliques ont cessé. À quatre mois, nous l'avions même emmenée chez le médecin pour nous assurer qu'elle n'avait rien de plus grave : nous n'arrivions pas à croire que des coliques pouvaient susciter autant de douleur chez un bébé. Tous les jours, ça commençait vers 16 h, pour se poursuivre jusqu'à minuit, voire au-delà. Ses cris et ses pleurs étaient insupportables. Par moments, elle hurlait comme une enfant maltraitée. C'était un calvaire. Nous nous sentions totalement démunis devant cette souffrance, c'était atroce. Nous avons essayé plusieurs médicaments, rien ne la soulageait. Nous lui avons fait mille et un massages. Parfois, cela lui faisait du bien, tout comme les bains chauds. Là, au moins, nous avions le sentiment de faire quelque chose de constructif pour la soulager. »

STEPHANIE, maman de Summer et d'Eva.

De six semaines à six mois : c'est pendant cette période que beaucoup de parents succombent vraiment au charme de leur bébé. Rien d'étonnant à cela, car il est irrésistible avec ses premiers sourires, ses premiers éclats de rire, ses premiers babillages et autres « areu » : à cet âge, un bébé peut être tout bonnement adorable.

Vous vous remettez lentement de l'accouchement, et peut-être avez-vous le sentiment de sortir enfin la tête hors de l'eau : l'heure est venue de commencer à organiser un peu le déroulement de vos journées.

Sourires, vocalises et conversations

Dès la naissance, un bébé est capable de faire des mouvements du visage. Si vous réagissez à ces mouvements comme à des sourires, ils deviendront à leur tour de véritables sourires. Dans toutes les cultures, les bébés sourient – même les aveugles : c'est dire si l'être humain est programmé pour cela.

Si les nouveau-nés savent déjà faire des vocalises, ils savent également tenir des « conversations », même si elles nous semblent rudimentaires. Vous avez l'impression que votre bébé se contente de gazouiller béatement et de faire n'importe quel geste avec ses mains ? Détrompez-vous : des chercheurs ont constaté que les bébés reproduisaient les intonations propres à leur langue maternelle et que les mouvements de leurs mains suivaient les conversations qui se déroulaient autour d'eux. Si vous parlez à votre bébé, il vous écoute. Et quand vous vous taisez, il vous répond : mais oui, il discute !

Par ailleurs, vous avez remarqué que votre bébé vous fixait souvent. En effet, il peut rester les yeux rivés, incapable de détourner le regard. C'est ce contact visuel prolongé qui fait fondre toutes les mamans.

Premier temps, première organisation : les tétées

Au bout de six semaines, si vous allaitez, les choses sont bien en place, et il est désormais plus facile d'établir, pour les repas, un rythme conciliable avec vos besoins et ceux de votre famille. Si vous envisagez de passer du sein au biberon, par exemple pour reprendre votre travail, l'âge de six semaines est idéal pour commencer à l'introduire, car votre bébé devrait s'adapter sans peine à cette nouvelle technique de succion sans que cela altère son aptitude à téter le sein.

L'alimentation de votre enfant repose encore exclusivement sur le lait maternel ou maternisé. Des recherches récentes ont démontré que l'introduction d'aliments solides avant l'âge de six mois ne présente aucun intérêt et, au contraire, qu'elle risque d'avoir des inconvénients. Si votre bébé vous paraît brusquement affamé, peut-être s'agit-il simplement d'une poussée de croissance : pendant une courte période, il mange beaucoup afin d'augmenter la production de lait – un mécanisme comparable au changement de vitesse d'une voiture ! Parfois, juste avant de tomber malade, un bébé témoigne d'un appétit d'ogre : des études semblent indiquer que, en présence de microbes qui l'ont infecté, un nourrisson alerte le système immunitaire de sa mère en laissant lesdits microbes sur l'épiderme du sein. Le lait de la tétée suivante contiendra alors les anticorps adaptés. Incroyable, non ?

Désormais, les tétées tendent à se dérouler avec une certaine régularité. Sans doute devient-il alors plus facile de les espacer et de prévoir leurs horaires. Vous allez donc pouvoir vous organiser au mieux. Par exemple, pourquoi ne pas laisser votre bébé se nourrir un peu plus longtemps l'après-midi et en début de soirée afin que les tétées de la nuit soient plus espacées ? Et s'il a besoin de beaucoup téter, laissez-le sucer ses doigts ou son pouce, ou bien proposez-lui une tétine (voir le chapitre 9).

Vous parvenez maintenant à comprendre ce que votre bébé désire et à discerner quand il a vraiment faim ; quand il pleure, vous savez le réconforter autrement qu'en lui donnant à manger.

Deuxième temps, deuxième organisation : du mouvement

Jusqu'à six mois, un bébé pleure encore beaucoup : la durée quotidienne des pleurs culmine à l'âge de six semaines avant de décliner jusqu'à trois ou quatre mois. Le bercer, le porter, l'envelopper, le câliner sont toujours de rigueur (voir le chapitre 2).

Vers l'âge de six mois, le système vestibulaire – qui détecte les mouvements et la gravité afin d'assurer l'équilibre d'un être humain – est très sensible ; les mouvements stimulent ce système, ce qui est excellent. C'est pourquoi tant de bébés adorent les youpalas, ces sièges qu'on suspend dans l'encadrement d'une porte ; et si les jeunes enfants raffolent des balançoires et autres manèges, c'est pour la même raison : ils stimulent leur sens de l'équilibre et la coordination des mouvements.

Même si votre bébé développe déjà de nombreuses compétences et aime les interactions avec son entourage, il reste très dépendant de vous, se fatigue vite et a tôt fait d'être très excité ; l'agitation et les coliques sont également fréquentes (voir les chapitres 10 à 16 pour trouver des solutions). Organiser le déroulement des journées peut très bien arranger les choses : s'il constate une régularité dans son rythme de vie, un bébé aura moins de choses à gérer et à assimiler, et le fera donc plus facilement.

À cet âge, ce qu'un enfant préfère écouter reste la voix de sa maman quand elle s'adresse à lui avec ce « parler bébé », cette langue spéciale, haut perchée, chantante et sans contenu particulier. Vous avez peur d'être ridicule ? N'ayez crainte : vous le ferez naturellement et votre bébé adorera ça. De plus, vous l'aiderez à se développer, car cela lui permettra d'apprendre à parler beaucoup plus facilement. Alors ne vous en privez pas !

« Maman, je m'ennuie ! »

N'oublions jamais qu'un bébé est un être intelligent, doté de nombreuses compétences et avide de découvrir le monde et d'établir tout de suite des relations avec d'autres personnes. Après avoir surmonté l'épreuve de la naissance et s'être adapté à son environnement, il n'a aucune envie de rester confiné dans son berceau pendant toute la journée. Comme vous et moi, il n'aime pas s'ennuyer. Cela ne signifie pas que vous devrez passer des heures interminables à agiter un hochet sous son nez, mais vous pouvez très bien par exemple placer un mobile pour le distraire. Sachez également ceci : marcher sur la pointe des pieds dans une maison silencieuse pour lui permettre de dormir ne lui rend pas service, à lui qui réclame de l'action et de l'animation.

Quand votre bébé est éveillé, installez-le dans un endroit sûr, où il pourra vous regarder vaquer à vos occupations. Car ce qu'il préfère avant tout, c'est être en votre compagnie. Parlez-lui, racontez-lui ce que vous faites. Bien sûr, votre bébé est ravi quand vous trouvez du temps pour jouer avec lui ; les jeux répétitifs, surtout ceux où il doit vous répondre, par exemple quand on joue à « Coucou ! », déclenchent ses éclats de rire. De plus, ces activités préparent les fondations sur lesquelles se construira l'acquisition du langage.

Durant cette période, vous passez encore beaucoup de temps à apaiser votre bébé, comme pendant les six premières semaines. À mesure que les mois passeront, vous y parviendrez de plus en plus facilement, ce qui vous rassurera.

Troisième temps, troisième organisation : le rituel du coucher

Jusqu'à six mois, mieux vaut continuer à garder votre bébé dans votre chambre ; et si vous respectez certaines règles de sécurité, vous pouvez également partager votre lit avec lui (voir les chapitres 23 et 24).

Pour aider votre bébé à faire ses nuits, la première chose à faire est de lui apprendre à s'endormir seul le soir en instaurant un rituel du coucher (voir les nombreux conseils dans les chapitres 19 et 20). C'est également le moment d'instaurer un rythme dans les horaires des siestes : désormais, votre bébé ne passe plus d'un état à l'autre, comme il le faisait jusqu'à ses six premières semaines ; maintenant, il y a des moments pour dormir et d'autres pour être éveillé.

LA NUIT SUR LE DOS ET LE JOUR COMME IL VEUT

Depuis que les bébés dorment sur le dos à la suite des campagnes de prévention contre la mort subite du nourrisson (voir le chapitre 24), ils passent moins de temps à plat ventre : voilà ce que des recherches récentes tendent à démontrer. Conséquence : ils apprennent plus tard à se retourner, à se tenir assis, à ramper et à se mettre debout, même si leurs performances restent dans la moyenne. Alors, quand votre bébé est réveillé, pourquoi ne pas l'installer dans différentes positions ?

CHAPITRE 4

DE SIX MOIS À DEUX ANS : LES DÉBUTS DE LA VIE EN SOCIÉTÉ

« Samuel avait un énorme besoin de téter. Les premières semaines ont été très éprouvantes : nous n'arrivions pas à discerner s'il pleurait de faim ou s'il voulait être réconforté. Au bout de quatre semaines, j'ai essayé de lui donner une tétine – alors que j'y étais totalement opposée avant sa naissance. Le résultat a été sidérant : j'ai pu manger un repas entier sans devoir le prendre tout le temps dans les bras. Je m'en servais uniquement lorsque j'étais certaine qu'il pleurait pour être réconforté et je ne la lui donnais pas la nuit. Quelques semaines plus tard, j'ai décidé de la lui proposer après le bain et son dernier repas, avant d'aller le coucher. Une fois endormi, il recrachait sa tétine. Quand il a eu six mois, j'ai décidé de me débarrasser de la tétine : j'avais une peur bleue qu'il ne puisse plus s'en passer. Mon cauchemar, c'était d'imaginer mon fils, à quatre ans, une tétine dans la bouche. C'est pourquoi j'ai voulu le faire avant qu'il s'y attache trop. C'est ce qui s'est passé sans problème. Il a pleuré plusieurs fois – au pire, ça a duré quinze minutes. Après, il n'a plus eu aucun mal à s'endormir sans tétine. »

ANDREA, maman de Samuel.

Au dire de nombreux parents, la période autour du premier anniversaire de leur enfant est la plus facile : il est agréable à vivre, sociable et en général content quand ses trois besoins fondamentaux sont satisfaits ; il se tient assis mais ne se déplace pas trop ; il commence à s'intéresser vraiment à ses jouets. Vers l'âge de neuf mois, il parvient à saisir des objets entre ses doigts et son pouce, ce qui lui permet de bien les manipuler ; si beaucoup de parents remarquent à peine l'émergence de cette faculté, le mouvement de pince du pouce n'en constitue pas moins l'un des développements majeurs dans l'évolution de notre espèce – qui nous distingue des autres grands singes. Enfin, le cortex cérébral de votre enfant a mûri, de sorte qu'il apprend à se maîtriser et comprend mieux ce qui se passe autour de lui. S'il pleure parfois brièvement pour attirer votre attention, il cesse rapidement et attend votre réaction.

L'angoisse de la séparation et la peur des inconnus

Désormais, votre bébé manifeste beaucoup d'affection à votre égard et à celui de sa famille proche ; par ailleurs, vers l'âge de huit mois, il commence à se déplacer et peut donc s'éloigner de ses parents. C'est alors qu'apparaissent l'angoisse de la séparation et la peur des inconnus.

La peur des inconnus assure la sécurité du bébé en le poussant à ne pas vouloir perdre ses parents de vue. Mais, le problème, c'est que cet attachement profond et cette peur se manifestent au moment où vous allez retravailler. Pour éviter les déchirements, prenez les devants : bien avant la reprise de votre activité professionnelle et, dans la mesure du possible, avant que naisse la peur des inconnus, habituez votre bébé à la personne qui le gardera.

Comme le caneton

Selon certains spécialistes, la peur des inconnus répond à la même fonction que l'imprégnation, par exemple chez le caneton : quand il sort de l'œuf, le caneton suit le premier animal qu'il voit, à savoir sa mère dans la plupart des cas. L'être humain, quant à lui, ne sait pas marcher à la naissance ; il a donc mis au point un autre système destiné à assurer sa sécurité : il fait du bruit pour inciter un adulte à le prendre et à le protéger, puis il le charme avec force gazouillis et sourires afin de l'empêcher de s'éloigner.

Premier temps, première adaptation : de vrais repas

À partir de l'âge de six mois, les repas sont plus réguliers. Avec l'introduction progressive d'une nourriture solide, l'alimentation de votre bébé commence à ressembler plus ou moins à la vôtre ; l'objectif est d'arriver à trois repas principaux composés de lait avec un peu d'aliments solides, auxquels viennent s'ajouter des en-cas de lait et un dernier repas pris tard dans la soirée. À l'occasion, en cas d'urgence, un repas de « réconfort » s'impose, mais le plus souvent ce sont les câlins qui l'apaisent le mieux.

Pour votre petit gastronome, cette période est placée sous le signe de la découverte. Profitez-en au maximum pour apporter une grande diversité de saveurs dans ses menus. Car une fois que votre bébé se déplacera et marchera, il deviendra sans doute plus difficile.

Deuxième temps, deuxième adaptation : un chaud doudou

L'objet transitionnel, ou doudou, est ce morceau de tissu ou cette peluche dont votre enfant ne voudra jamais se séparer, de jour comme de nuit. Le plus souvent, il s'en trouve un tout seul, à moins que ce soit vous qui le lui proposiez. Mon premier enfant n'a jamais eu de doudou ; mon deuxième a jeté son dévolu sur une taie d'oreiller – dont nous avions fort heureusement trois exemplaires ; quant à mon dernier enfant, il s'est pris d'affection pour un écureuil en peluche, un cadeau acheté en Finlande : lorsque ce Bobby s'est perdu, nous avons vécu l'enfer pour essayer de lui dégoter un remplaçant.

Si vous voulez choisir un doudou, prenez un modèle sans boutons à la place des yeux ou du nez, qui ne comporte aucun morceau susceptible d'être arraché, et qui est petit et facile à tenir, à manipuler et à emporter.

Usage de l'objet transitionnel

Défini pour la première fois par le pédiatre anglais Donald Winnicott, l'objet transitionnel est un substitut de la mère. Si votre bébé se choisit un doudou, c'est pour vous représenter et lui permettre de supporter votre absence. Les enfants qui partagent longtemps le lit de leurs parents ont, semble-t-il, moins besoin d'un doudou que les autres. Les enfants élevés en orphelinat, privés d'affection, n'ont souvent pas de doudous, peut-être parce qu'ils n'ont jamais eu d'attachement à leur mère. De l'avis de l'obstétricien Michel Odent, l'objet transitionnel constitue la réaction saine d'un enfant normal à une situation spécifique.

Les méthodes d'apaisement utilisées pendant les six premiers mois se révèlent moins efficaces, mais aussi moins nécessaires : désormais, votre bébé s'apaise s'il vous sait à proximité, et il réclame moins les bras pour se calmer. En revanche, les bras de ses parents deviennent un instrument de découverte du monde tout à fait passionnant : de là haut, la vue est bien meilleure.

Si vous en avez envie et si vous le pouvez, n'hésitez donc pas à porter votre enfant le plus souvent possible. Des études tendent à démontrer que, plus les besoins d'un bébé ont été satisfaits, plus il deviendra indépendant par la suite. Souvent, un petit câlin suffit à le calmer. Et, à cet âge, les raisons pour lesquelles il pleure sont faciles à comprendre. Sans oublier que cette période est celle où les dents poussent, ce qu'un bébé trouve en général très désagréable ; quand il a mal, il a tendance à réclamer plus de lait.

PORTEZ VOTRE ENFANT, IL SERA PLUS INTELLIGENT !

Si vous passez beaucoup de temps à porter et à bercer votre bébé, vous contribuez au bon développement de son système vestibulaire, qui est important non seulement pour l'équilibre, la marche et les mouvements mais aussi pour son intelligence. Ainsi, les enfants connaissant des difficultés d'apprentissage ont souvent un système vestibulaire déficient : en général, leurs sens de l'équilibre et de la coordination sont moins bons que la moyenne.

Dans le cadre d'une étude, des chercheurs ont comparé des bébés ayant été souvent balancés, dans différentes positions et à intervalles réguliers, à d'autres bébés. Ils ont constaté que les premiers étaient en avance dans leurs facultés motrices – pour s'asseoir, ramper, se mettre debout et marcher.

Troisième temps, troisième adaptation : douces nuits

Désormais, le sommeil de votre enfant obéit sans doute à un rythme régulier, tant la nuit que la journée pour les siestes ; il a un rituel bien établi pour se coucher ; il présente des cycles de sommeil comparables aux vôtres ; il est capable de dormir profondément, et la plupart de ses positions sont sûres, à condition toutefois de n'utiliser ni couette ni oreiller (voir le chapitre 24). C'est enfin une période propice pour l'installer dans sa chambre à lui.

CHAPITRE 5

DE UN AN À DEUX ANS : APPRENDRE LES LIMITES

« Chez nous, les supermarchés ont été déclarés "zone interdite". Je déteste y aller. Maintenant, j'y vais toute seule, ou bien c'est mon mari qui fait les courses. Aller au supermarché avec mes quatre enfants est tout simplement au-dessus de mes forces. Concernant les colères en général, ma première réaction a été de m'énerver, tout en sachant que ça ne servait à rien. Maintenant, je garde mon calme et je tourne les talons. Je me dis : "Ça va se régler tout seul. Ma présence ne fait qu'ajouter de l'huile sur le feu." »

KATHERINE, maman de Hugh, de Thomas, de Megan et de Gareth.

Pour de nombreux parents, c'est le choc : l'adorable bébé qui souriait jusqu'aux oreilles dès qu'il vous apercevait s'est transformé en une créature capricieuse, qui fait des colères, hurle avant d'aller se coucher, détourne la tête devant tous les plats ou refuse de rester assis assez longtemps pour ingurgiter quoi que ce soit. Que faire ? vous demandez-vous. En matière d'éducation, vous l'apprendrez très vite, il vous faudra choisir les solutions qui vous conviendront le mieux, selon le contexte et selon la personnalité de votre rejeton. Sachez d'ailleurs que les spécialistes ne sont pas d'accord entre eux à propos de l'attitude à adopter face à un enfant âgé de un an à deux ans.

Les temps changent, et les avis aussi

De génération en génération, les opinions relatives à l'éducation ont évolué. Au début du XIXe siècle, l'attitude adoptée à l'égard d'un enfant était plus que stricte : on ne devait pas l'entendre, un point c'est tout. Gare à ceux qui sortaient du rang ; d'ailleurs, « Qui aime bien châtie bien », dit l'adage. Au début du XXe siècle, on considérait qu'un enfant devait être maté par la contrainte et la peur.

À l'époque de la naissance de nos parents, c'est-à-dire après-guerre mais avant mai 1968, les châtiments corporels étaient moins pratiqués. Toutefois, les enfants n'en étaient pas moins élevés à la dure : donner des fessées et laisser pleurer les enfants permettait, disait-on, de forger leur caractère. Dans les années 1970 et 1980, un changement radical des mentalités est survenu, donnant une place majeure aux sentiments ; désormais, les parents devaient s'intéresser de près à leur enfant, et les gifles étaient proscrites. Colères, refus alimentaires, terreurs à l'heure du coucher : tous ces comportements étaient considérés avec compassion, et du seul point de vue de l'enfant.

Aujourd'hui, la plupart de nos contemporains s'accordent à penser qu'un jeune enfant a besoin de limites. À mon sens, c'est là que réside l'une des principales difficultés d'être parent, car les règles changent tout le temps ! Il est difficile de commencer à imposer des limites après avoir passé un an à répondre aux besoins de votre bébé, surtout si vous le preniez dans les bras dès qu'il pleurait ou si vous lui donniez à manger dès ses premières manifestations de faim. Aujourd'hui, on estime qu'un enfant a besoin d'un environnement cohérent, avec des règles clairement définies, fermes mais justes. Après tout, les adultes aussi sont soumis à des règles ; et si les lois changeaient tous les jours, ne seriez-vous pas totalement perdue ?

Toutefois, nombreux sont les parents qui, désireux de ne pas brimer l'exubérance naturelle de leur enfant et refusant de recourir aux fessées, ont du mal à imposer une discipline. Pas facile, par moments, de trouver le juste milieu. Alors, commencez par vous interroger sur les limites que vous souhaitez imposer : sont-elles raisonnables ? Et sont-elles applicables ? Ensuite, mettez-vous d'accord avec votre compagnon et efforcez-vous de vous tenir à ces règles. Car, à long terme, un enfant dont les parents s'entendent sur ce qui est acceptable et sur ce qui ne l'est pas se sentira rassuré ; dans un contexte aux règles bien définies, il n'aura pas besoin de chercher en permanence les limites en adoptant un comportement de défi.

Premier temps, première règle : à table

L'enfant en âge de marcher mange, comme ses parents, trois repas par jour. Toutefois, son estomac est petit et ses besoins énergétiques considérables ; il lui faut donc des collations équilibrées à prendre entre les repas. À cet âge, un enfant a encore besoin de lait. Même si, dans notre société actuelle, les mères allaitant un enfant qui marche font figure d'exception, vous pouvez très bien le faire, dès lors que cela vous convient à vous et à votre enfant.

C'est également l'âge où certains refus alimentaires apparaissent parfois. Là aussi, c'est tout à fait normal, et la Nature a bien fait les choses : avant que le bébé soit en âge de se déplacer, c'est un adulte de confiance qui choisissait ses aliments ; il se satisfaisait donc de presque tout ce qu'on lui donnait. Une fois qu'il commence à se déplacer, l'enfant risque d'ingurgiter des choses dangereuses, qu'il trouve sur son chemin ; pour lui, il est donc utile de restreindre ses goûts afin de se cantonner aux saveurs familières. C'est ce phénomène précis qui se produit chez le jeune enfant. Pour cette raison, diversifiez son alimentation avant qu'il commence à marcher.

À table, votre enfant chipote ? Essayez de ne pas y accorder trop d'importance, et n'oubliez pas qu'il est à l'âge où il cherche des limites : s'il voit que l'alimentation constitue un enjeu qui vous tient à cœur, il pourrait bien devenir difficile rien que pour avoir le sentiment de contrôler la situation. Instituez quelques règles toutes simples, par exemple : « Pas de dessert avant d'avoir fini tes légumes », ou bien : « On ne remange pas après avoir quitté la table. » Choisissez les règles qui vous conviennent, à vous et à votre famille. Mais ne le forcez jamais à finir son assiette, même s'il n'a presque rien avalé ; ne pas manger au-delà du seuil de satiété est un bon principe d'hygiène de vie. Après tout, dans nos sociétés occidentales, il y a plus de gens qui souffrent d'embonpoint que de gens maigres.

Deuxième temps, deuxième règle : en pleurs, en colère

Entre un an et deux ans, nombreux sont les enfants qui sont trop occupés à explorer le monde pour venir faire des câlins à leurs parents. Et quand ils viennent s'agripper à leur papa ou à leur maman, bien souvent c'est parce qu'ils sont fatigués ou qu'ils ont faim. Votre enfant vient vous voir pour se faire consoler ? Sans doute en a-t-il besoin. Laissez-le donc « faire le bébé » et pleurer. Se réconforter en pleurant est un processus naturel dont tous les enfants, garçons comme filles, témoignent ; il est fort dommage qu'ils apprennent aussi tôt à ne pas pleurer, découvrant dès trois ans, à l'école, les comportements « acceptables » et ceux qui ne le sont pas.

Chez le jeune enfant, les pleurs vont souvent de pair avec les colères qui, à ce stade de développement, constituent un comportement normal. Plusieurs raisons peuvent le pousser à perdre son calme ; il vous faut donc trouver une réaction adaptée à chaque situation. Avant tout, faites en sorte qu'il ne soit pas trop fatigué et, pour devancer quelques crises, guettez les signes annonciateurs de problèmes. Et sachez ceci : un enfant ne fait une colère qu'en présence de sa famille proche – c'est normal, car là est l'enjeu ; à deux ans, la moitié des enfants environ font des colères pratiquement tous les jours.

Faire diversion et éviter l'affrontement

Quand un conflit se profile, réfléchissez bien avant d'énoncer une interdiction : êtes-vous vraiment déterminée à l'imposer ? Essayez de ne pas réagir d'une manière trop impulsive. Et si vous êtes obligée de dire « non » à votre enfant, cela ne vous empêche pas de faire diversion ou de négocier, à condition toutefois de ne pas revenir sur votre refus.

Imaginons que votre enfant vous demande un petit gâteau juste avant le dîner. Vous pouvez faire diversion en lui disant que, justement, son émission télévisée préférée commence et qu'à l'heure où elle se terminera, le dîner sera prêt. S'il peut attendre jusque-là, il aura un petit gâteau avec son dessert. Dans cet apprentissage de la gratification différée, il aura besoin d'un coup de main de votre part.

Troisième temps, troisième règle : au lit

À cet âge, votre enfant fait sans doute ses nuits sans se réveiller, ainsi qu'une ou plusieurs siestes. Parfois, son sommeil et ses réveils nocturnes posent problème, que ce soit pour lui ou pour ses parents. Sachez toutefois qu'un enfant qui commence à se déplacer rechigne souvent à aller au lit (pour tout savoir sur le sommeil, voir les chapitres 17 à 23).

« Gâter » un bébé ? Impossible !

Votre entourage vous dit souvent que prendre un bébé dans les bras dès qu'il pleure risque fort de le « gâter » ? Or, une étude réalisée sur vingt-six mamans et leur enfant pendant une longue période a montré que les enfants dont les mères avaient réagi rapidement et d'une manière cohérente quand ils étaient bébés pleuraient moins, à l'âge de un an, que ceux dont les mères avaient ignoré les pleurs.

Cette découverte passionnante a semblé si fondamentale qu'une autre étude scientifique a renouvelé l'expérience, mais à une plus grande échelle : elle a porté sur plus de cent bébés et pendant une période de quatre ans, en intégrant cette fois-ci les mères qui, d'ordinaire, ne réagissaient pas aux pleurs de leur bébé. Les chercheurs ont appris à certaines d'entre elles à répondre aux pleurs – et les autres mères ont constitué des éléments de comparaison. Résultat : dans les familles où les mères avaient davantage réagi aux pleurs, les bébés pleuraient moins.

Premier temps
« J'ai faim ! »

Chapitre 6

Biberon ou sein ?

« Ma seconde fille, Eva, a douze semaines. Tout l'après-midi, elle veut être portée dans les bras et bercée. Elle aime aussi par-dessus tout être au sein. Cela la calme au plus haut point. »

Stephanie, maman de Summer et d'Eva.

Au cours des premières semaines de votre bébé, vous allez passer beaucoup de temps à le nourrir : considérez cette période comme un apprentissage et, très vite, vous verrez, vous serez parfaitement rodés tous les deux. Que vous ayez choisi le biberon ou le sein, voici quelques conseils de base.

Biberons mode d'emploi

Il vous faut environ sept biberons gradués et autant de tétines ou plus, un goupillon, un système de stérilisation et, bien sûr, du lait. Les laits maternisés proposés sur le marché sont si nombreux que vous aurez peut-être du mal à faire votre choix : à la maternité, demandez conseil à une sage-femme ou à une puéricultrice ; demandez-leur également de vous montrer, au moins une fois, comment préparer un biberon. Lisez attentivement les recommandations qui figurent sur la boîte : il est essentiel de respecter les proportions de poudre de lait et d'eau ; n'essayez jamais de préparer du lait plus dilué ou au contraire plus concentré.

Selon la croissance et l'état de santé de votre enfant, c'est ensuite votre pédiatre qui pourra vous guider dans le choix des laits maternisés.

En dix leçons

1. Lavez-vous soigneusement les mains. Lavez les biberons, les bagues et les tétines soit à la main, avec un goupillon et du produit de vaisselle, soit éventuellement au lave-vaisselle. Enlevez tous les résidus de lait collés à l'intérieur. Rincez bien.

2. Stérilisez les biberons, les bagues et les tétines selon la méthode que vous aurez choisie. La plus simple et la moins coûteuse est d'utiliser une casserole ou une cocotte-minute et de plonger les biberons et les bagues dans de l'eau portée à ébullition pendant vingt minutes. Plongez les tétines pendant dix minutes seulement – au risque de les voir se déformer. Vous pouvez également choisir un stérilisateur électrique, un stérilisateur spécial micro-ondes ou une stérilisation à froid – où on utilise des comprimés. Rangez les biberons dans un casier spécial, bien propre. Relavez-vous les mains avant utilisation.

3. Utilisez de l'eau faiblement minéralisée : soit de l'eau minérale en bouteille (vérifiez sur l'étiquette qu'elle est adaptée aux bébés), soit de l'eau du robinet – sauf si elle a un trop fort goût de chlore, ce qui peut être désagréable ! Remplissez chaque biberon jusqu'au niveau souhaité.

> **SIX MOIS**
>
> Pendant les six premiers mois d'un bébé, l'Organisation mondiale de la santé (OMS) et l'UNICEF recommandent une alimentation fondée exclusivement sur le lait maternel. Car le lait de sa mère couvre l'ensemble de ses besoins.

4. À l'aide de la cuillère-mesure contenue dans la boîte de lait, prélevez le nombre indiqué de cuillerées de poudre, que vous araserez avec un couteau. Ne tassez pas la poudre pour ne pas obtenir un lait trop concentré. En règle générale, la proportion est de une cuillère-mesure pour 30 ml d'eau.

5. Mettez la poudre dans le biberon et refermez-le avec le capuchon. Faites rouler le biberon entre vos deux mains pour mélanger doucement, puis secouez-le. Si vous le secouez tout de suite et trop fort, la poudre risque de boucher la tétine, et vous aurez tout à recommencer.

6. Placez les biberons au réfrigérateur, en attendant d'en avoir besoin.

7. Au moment du repas, réchauffez le biberon au bain-marie – en le posant dans une casserole remplie d'eau chaude – ou dans un chauffe-biberons. Veillez à ce que le biberon ne soit pas trop chaud.

8. Vérifiez la température du lait en faisant tomber quelques gouttes sur le creux de votre bras ou à l'intérieur de votre avant-bras. Par temps chaud, vous pouvez très bien proposer un biberon à température ambiante.

9. Asseyez-vous confortablement et installez le bébé sur vos genoux, si possible en « l'asseyant » un peu.

10. Tenez le biberon bien incliné, de manière à ce que la tétine soit pleine, afin d'éviter que votre bébé avale de l'air.

Allaitement au sein mode d'emploi

Ce n'est pas un hasard si on parle d'« allaitement au sein » et non d'« allaitement au mamelon » ! En effet, loin de se contenter de téter le mamelon, c'est bien le sein que votre bébé prend à pleine bouche ; il doit le prendre suffisamment dans sa bouche pour que le mamelon soit en contact avec son palais mou, situé dans le prolongement du palais dur.

Quand le palais mou d'un bébé est stimulé, ce dernier se met instinctivement à bouger les mâchoires pour téter ; et si le mamelon n'est pas assez loin dans sa bouche, il reste en contact avec le palais dur. Regardez à l'intérieur de la bouche de votre bébé : sur son palais, vous verrez des stries ; si votre bébé tète avec cette partie de sa bouche, votre mamelon sera vite irrité.

En dix leçons

Comme pour l'allaitement au biberon, il est préférable d'être guidée lors des première tétées. Voici donc quelques conseils pour trouver la bonne position.

1. Avant de commencer, installez-vous confortablement, car vous allez rester un certain temps dans cette position ! Au début, mieux vaut s'asseoir bien droite ; choisissez un fauteuil qui vous maintient donc correctement. Si vous vous affalez, cela aura tendance à faire sortir votre sein de la bouche de votre bébé.

2. Vos pieds doivent toucher le sol pour que vos cuisses soient parallèles au sol ; vos genoux peuvent même être un peu surélevés afin d'y installer confortablement votre enfant. Un repose-pied ou des annuaires placés sous vos pieds vous aideront à trouver la bonne position.

3. Quand vous installez votre bébé à la hauteur de votre poitrine, cette dernière est trop haute ? Placez un coussin ou deux pour y appuyer vos bras. Le plus simple est de mettre votre bébé au sein avant de glisser les coussins sous vos bras. Sinon, quand vous commencerez l'allaitement, les coussins risquent de se mettre entre vous et votre bébé.

4. La position la plus courante consiste à installer votre bébé sur votre ventre. Appuyez sa tête sur votre avant-bras et non dans le creux de votre bras.

5. Une autre position est de le tenir sur votre bras, surtout s'il est encore petit ou si vous avez eu une césarienne qui vous contraint à protéger votre ventre. Glissez plusieurs coussins entre votre dos et le dossier du fauteuil pour que votre bébé puisse s'étirer sans s'écarter du sein.

6. Tenez la colonne vertébrale de votre bébé bien droite : son dos et ses épaules doivent être droits. Évitez de tenir l'arrière de sa tête, car cela pousserait son menton vers sa poitrine, l'empêchant d'ouvrir grande la bouche. D'ailleurs, en général, les bébés n'aiment pas qu'on leur tienne la tête.

7. Si cela vous est possible et si vous êtes chez vous, allongez-vous avec votre bébé sur votre lit. La position allongée est confortable pour tout le monde. Vous êtes alors ventre contre ventre.

8. Attendez que votre bébé ait la bouche grande ouverte, comme pour croquer une pomme, avant de l'attirer rapidement contre votre sein. Le contact avec le sein doit commencer par le menton.

9. Placez sa tête de manière à ce que son nez soit contre votre mamelon. Ne le tenez pas avec sa bouche face au mamelon, même si cela paraît logique, car une fois qu'il sera au sein, son menton sera poussé vers sa poitrine, fermant sa gorge, et il aura alors du mal à avaler.

10. Ne vous crispez pas, laissez-vous aller et tout se passera bien. Profitez de ce moment magique où vous êtes les yeux dans les yeux avec votre enfant.

Qui décide ?

Qui détermine la quantité de lait et les horaires des repas ? Si vous donnez le biberon, c'est vous qui déterminez la quantité, et il est facile de voir ce que votre bébé a bu. Si vous allaitez, c'est votre bébé qui est davantage maître de son alimentation, c'est vous qui vous adaptez à ses besoins, et il est bien sûr difficile de savoir ce qu'il a bu : il vous faudra donc être plus à l'écoute de votre enfant. Ainsi, des études montrent que les mères qui donnent le biberon ont, plus que les autres, tendance à ignorer les signaux indiquant que leur bébé a assez mangé.

Les tétées sont entrecoupées de nombreuses pauses, pendant lesquelles le bébé change de position par exemple. Mais, de nouveau, les choses sont différentes selon qu'un bébé est nourri au biberon ou au sein. Afin de déterminer qui était à l'origine de ces pauses, un chercheur a filmé différentes mères donnant à manger à leur enfant. Il a constaté que c'était la mère qui décidait des pauses quand le bébé était nourri au biberon, alors que c'était le bébé qui déterminait le moment de la pause quand il était nourri au sein.

Chapitre 7

Le rythme des tétées

« L'arrivée d'un bébé est un véritable choc. Ma réaction à moi a été de me jeter sur des ouvrages de puériculture, que j'ai dévorés par dizaines : en cas de problème, consultez le mode d'emploi ! Mais trop de livres imposent au bébé des horaires stricts, au lieu de conseiller à la mère de se faire confiance pour répondre aux besoins de son enfant. Pendant les six premiers mois, pour la première fois de ma vie je n'ai pas été contrainte de me plier à des horaires, ce qui était très agréable. »

METTE, maman de Samuel.

Autrefois, un bébé restait en permanence avec sa mère, qui le mettait au sein dès qu'il semblait avoir faim. Au XXe siècle, les recommandations les plus variées se sont succédé à propos de l'alimentation des nourrissons, de sorte qu'on ne savait plus à quel saint se vouer : quels sont les désirs d'un enfant ? et quels sont ses besoins ? Des recommandations le plus souvent contradictoires, qui émanaient à la fois des mères, des grands-mères et des tantes, ainsi que des sages-femmes, des puéricultrices et des médecins. Rien d'étonnant que les femmes se sentent plutôt perdues.

Gare aux gens bien intentionnés

À la génération précédente, on conseillait aux mères d'allaiter leur bébé toutes les quatre heures et pas plus de vingt minutes. Bien que l'on sache aujourd'hui que ce type de recommandation a fait baisser le nombre de femmes qui allaitaient, nombreux sont encore les livres qui imposent de nouvelles règles et qui préconisent de limiter le temps passé au sein.

Ces conseils sont toujours prodigués par des gens bien intentionnés : les « experts » en la matière entendent simplifier la vie de la jeune mère en imposant, dès le premier jour, un horaire à son bébé ! Cela fonctionne pour certains mais pas pour d'autres ; alors l'enfant est malheureux, il prend peu ou pas de poids et, au bout du compte, l'allaitement se solde par un échec. C'est l'une des raisons qui incitent certaines femmes à opter pour le biberon : elles savent exactement ce qu'elles donnent à leur bébé et quand elles doivent le faire – une science exacte par rapport à l'allaitement maternel !

C'est assez régulier

Si vous avez décidé de nourrir votre enfant au biberon, la question de la quantité à donner et de la fréquence des tétées est assez simple à régler : toutes les indications figurent sur les boîtes de lait – tant de millilitres à heures fixes. Des repas réguliers vous conviendront peut-être, à vous et à votre bébé, mais sachez que vous pouvez tout à fait le nourrir à la demande, comme si vous lui donniez le sein. Notez simplement et précisément la quantité de lait bue à chaque biberon afin de vous assurer que votre enfant prend bien tout ce qu'il lui faut en vingt-quatre heures.

Et si votre bébé a suffisamment mangé mais qu'il ne semble pas apaisé, alors vous devrez trouver d'autres solutions pour le réconforter, mais sans le nourrir davantage (voir les chapitres 10 à 12). Souvent, un bébé nourri au biberon se satisfait d'une tétine, qui fait intervenir la même technique de succion (voir le chapitre 9).

C'est plus souple

Au cours des premières semaines, l'allaitement au sein n'a rien de comparable avec l'allaitement au biberon. Pendant cette période, chassez de votre esprit toute velléité d'instaurer des horaires réguliers, mais sachez qu'à terme un rythme se mettra en place tout seul et que vous pourrez commencer à organiser votre journée. En revanche, vous allez au devant de problèmes si, durant les six premières semaines, vous voulez imposer à votre bébé des tétées à heures fixes. Pourquoi ? C'est ce que vous allez très vite comprendre.

Si vous essayez d'espacer les tétées...

Vouloir espacer les repas, c'est se fonder sur l'idée qu'une mère peut stocker son lait et, qu'à la prochaine tétée, son bébé boira davantage s'il a vraiment faim. Hélas, les seins ne fonctionnent pas comme des robinets à lait : ils ne produisent pas du lait au moment où le bébé tète, mais ils le sécrètent en permanence afin de le stocker entre les tétées. La quantité de lait produite dépend de la quantité stockée. Ainsi, si un bébé ne mange pas très souvent, les seins se remplissent et la lactation ralentit.

Des études récentes ont montré que la capacité de stockage variait considérablement d'une femme à l'autre, allant du simple au triple, indépendamment du volume des seins. Si toutes les femmes peuvent sécréter la même quantité de lait pendant une période de vingt-quatre heures, celles qui possèdent une plus grande capacité de stockage pourront espacer les tétées tout en produisant assez de lait, tandis que les autres, pour sécréter la même quantité, devront allaiter plus souvent.

Les femmes ayant une capacité de stockage importante peuvent donc tout à fait instaurer des repas à heures fixes. Toutefois, il y a fort à parier que, de toute façon, leur bébé fera des tétées espacées. Les difficultés apparaissent pour les autres femmes : car un espacement des repas entraînera une baisse de la lactation par tranche de vingt-quatre heures.

DES CELLULES, UNE HORMONE ET UN ORGANISME ATTENTIF

Pendant la grossesse, les cellules galactogènes – qui sécrètent le lait – se multiplient dans les seins, dans une quantité sans doute supérieure aux futurs besoins d'un bébé. Dans les semaines qui suivent l'accouchement, selon la fréquence des tétées certaines cellules sont activées et d'autres désactivées. Pendant cette période, une hormone, la prolactine, maintient la production de lait à un niveau élevé. Au bout de quelques semaines, l'organisme part du principe qu'il connaît le nombre de cellules galactogènes nécessaires pour nourrir le bébé, et le niveau de prolactine diminue.

C'est pourquoi l'allaitement au sein à heures fixes semble tout d'abord bien fonctionner pour certaines mères et leur bébé ; en effet, tant que le niveau de prolactine reste élevé, leur organisme sécrète assez de lait. Les problèmes apparaissent plus tard : la baisse de la fréquence des tétées désactive certaines cellules galactogènes, et la sécrétion de lait diminue, tombant au-dessous du niveau nécessaire.

L'espacement des tétées pose un autre problème : le nouveau-né qui a pleuré de faim, ne serait-ce que quelques minutes, a parfois plus de mal à prendre le sein et à téter qu'un bébé mis au sein dès qu'il semble avoir faim. L'idée qu'il boira davantage à chaque tétée s'il a vraiment faim est donc fausse. C'est le contraire qui arrive : s'il dépense trop d'énergie à pleurer et s'il est stressé par l'attente, un bébé boira moins à chaque repas, ce qui, à terme, entraînera une baisse de la lactation.

Si vous essayez de réduire la durée des tétées…

Limiter le temps que votre bébé passe au sein risque d'être une source de problèmes. En effet, la nature du lait change au cours de la tétée : au début, il s'agit d'un lait assez dilué et désaltérant, qui s'épaissit peu à peu pour devenir plus gras, donc plus calorique (voir aussi le chapitre 14).

Quand il est mis au sein, un nourrisson commence donc par boire du lait désaltérant avant de prendre un repas consistant, qui lui permettra de grandir à une vitesse époustouflante. Si sa mère limite la durée de la tétée ou si elle change trop vite de sein, son bébé n'aura pas assez de lait gras pour grandir : très rapidement, il aura de nouveau faim.

Si vous vous inquiétez…

Allaitez à la demande, c'est naturel. Seul votre bébé connaît son appétit et la quantité de lait dont il a besoin pour se développer harmonieusement. Réfléchissez-y : la faim, la soif et la satiété sont autant de sensations révélatrices des besoins de l'organisme. Tandis qu'un adulte peut ouvrir la porte du réfrigérateur pour se servir, un bébé doit envoyer des signaux pour que vous le mettiez au sein ; une fois repu, il cessera de téter.

Votre bébé passe trop de temps au sein et ça vous inquiète ? Pensez à notre propre comportement : il nous arrive de grignoter sur le pouce, voire de nous contenter d'une boisson ; d'autres jours, une faim de loup nous pousse à dévorer ; à l'occasion, nous allons au restaurant où nous passons plusieurs heures à savourer un repas entre amis. Quelle tête feriez-vous si le serveur vous disait : « Bon, ça fait maintenant vingt minutes que vous êtes à table. Vous devriez avoir déjà fini votre repas » ?

Et s'il tétait par plaisir et non par faim…

Certaines mères s'alarment de voir leur bébé prendre le sein par pur plaisir de téter. Comment savoir s'il tète parce qu'il a faim ou pour une autre raison ? Là encore, pensez à vos propres habitudes alimentaires et évaluez par exemple votre consommation de biscuits et de café : combien en prenez-vous par faim ou par soif et combien par plaisir ? Mangez-vous et buvez-vous uniquement à l'heure des repas ? Mangez-vous uniquement par besoin ? Vous arrive-t-il de boire un verre et de grignoter parce que vous êtes entre amis, parce que vous vous ennuyez ?

Pour un nourrisson, téter le sein ne relève pas seulement de l'alimentation. Il s'agit aussi de chaleur, de proximité, d'un apprentissage pour devenir un être humain sociable. Des chercheurs ont constaté qu'en tétant le sein un bébé avait des interactions avec sa mère : quand elle parle, il cesse de téter pour l'écouter, puis il répond en reprenant la succion. L'alimentation joue donc un rôle important dans l'art de la conversation : c'est le début des interactions sociales.

Et si vous vous écoutiez...

Pour ce qui est de l'alimentation de votre enfant, essayez de ne pas vous laisser imposer les idées des autres. Le déroulement de l'allaitement se passe bien ? Votre bébé est en bonne santé ? Il grandit harmonieusement ? Alors, ce que vous faites convient parfaitement ; continuez comme ça. N'oubliez pas qu'il est impossible de « gâter » un bébé ou de lui donner trop à manger.

En revanche, si le déroulement de l'allaitement ne vous donne pas satisfaction – peut-être n'avez vous pas envie de laisser votre bébé au sein autant qu'il le demande –, n'hésitez pas à en parler avec une puéricultrice, avec votre pédiatre ou bien avec une animatrice de la Leche League (voir en annexe les adresses utiles) : elle ne vous dira pas ce que vous « devez » faire, elle n'exercera aucune pression sur vous mais, au contraire, elle vous aidera à envisager toutes les possibilités pour vous permettre de trouver votre solution ; elle pourra par exemple vous conseiller de changer la position de votre bébé afin qu'il tète d'une manière plus efficace (voir le chapitre 6).

Chapitre 8

Et la nuit aussi

« Je me souviens du désespoir qui fut le nôtre les fois où même le sein ne parvenait pas à apaiser notre fils qui, la nuit, demeurait inconsolable. La solution qui a fini par fonctionner, nous l'avons presque découverte par hasard : j'adore les bains chauds. Une nuit, j'ai fini par me plonger dans la baignoire, pleine à ras bord, et j'ai demandé à mon mari de me passer le bébé. Je l'ai installé entre mes genoux, et ses pleurs ont cessé instantanément, comme par miracle ! Comme l'eau lui arrivait jusqu'à la poitrine, il pouvait gigoter avec ses jambes. Nous sommes restés une bonne partie de la nuit dans la baignoire, en ajoutant régulièrement de l'eau chaude.

Nous sommes devenus des "pros" de l'allaitement dans la baignoire. Nous mettions une serviette chauffée dans le couffin, près de la baignoire, pour y envelopper notre bébé dès qu'il s'endormait. »

Esther, maman de Rufus.

Mais pourquoi un bébé a-t-il donc besoin de manger la nuit ? vous demandez-vous. Il serait tellement plus simple, et surtout moins fatigant pour vous, qu'il ne tète que le jour ! Patience, ça viendra.

Si un nouveau-né a besoin de lait pendant la nuit, c'est tout simplement parce qu'il ne peut pas stocker assez de nourriture pendant la journée pour tenir une nuit entière. Par ailleurs, le réconfort qu'apportent les tétées de nuit l'aide à se rendormir.

En ce qui vous concerne, allaiter la nuit favorise la lactation de ces premières semaines : plus vous allaitez, plus votre niveau de prolactine est élevé et plus vous sécrétez de lait (voir l'encadré dans le chapitre 7). Quand vous allaitez la nuit, votre organisme produit de la dopamine, une substance soporifique. Résultat : vous vous rendormez plus facilement. Voilà un avantage décisif comparé à l'allaitement au biberon !

Biberons au chaud

Si vous avez choisi de donner le biberon, voici quelques conseils pour la nuit.

- Préparez les biberons à l'avance (voir le chapitre 6).
- Il existe des thermos à biberons qui vous seront utiles pour gagner du temps. C'est plus rapide que de réchauffer un biberon au chauffe-biberons ou au bain-marie.
- Vous pouvez également plonger le biberon de lait dans un thermos classique rempli d'eau chaude.
- Vous avez tout intérêt à habituer votre bébé à prendre son biberon tiède plutôt que vraiment chaud.

- Attention : ne gardez jamais un biberon entamé, jetez-le et ne le réchauffez pas pour un prochain repas.

Qui se réveille le plus ?

Selon la majorité des chercheurs, les bébés nourris au biberon sautent les repas nocturnes plus tôt que ceux prenant le sein, pour y renoncer vers dix semaines environ, contre seize semaines pour les seconds. Par la suite, les bébés nourris au sein continuent de se réveiller plus souvent que les premiers, ce qui semblerait aller en faveur de l'emploi du biberon la nuit. Mais examinons de plus près les principales raisons de ces différences.

- Le lait maternisé est plus long à digérer. Conçu sur mesure, le lait maternel se digère plus facilement ; le bébé a donc plus vite faim.
- Si un bébé nourri au sein se réveille plus souvent, c'est parce qu'il a constaté que sa mère était davantage à son écoute : c'est lui qui choisit le moment et le nombre des repas. Sa maman répond à ses signaux – au lieu de décider de l'heure du repas en fonction des indications figurant sur la boîte de lait en poudre. Bon à savoir : par la suite, les bébés nourris au sein auront moins de problèmes de poids.
- L'allaitement maternel étant plus simple que l'allaitement artificiel, une mère qui donne le sein est donc moins pressée de voir son enfant faire ses nuits, surtout s'il dort à ses côtés.
- On sait aujourd'hui que les bébés nourris au sein ont en moyenne un quotient intellectuel plus élevé que les autres ; cela peut être dû en partie aux acides gras essentiels contenus dans le lait maternel, mais également au fait que

l'allaitement à la demande confère au bébé une maîtrise sur son environnement – un facteur clé de son développement cognitif. Une bonne raison de continuer la nuit !

Cette petite comparaison porte sur des bébés nourris au sein à horaires souples et des bébés nourris au biberon à heures fixes. Si vous donnez le biberon à la demande et si vous répondez aux besoins de votre enfant sans avoir les yeux rivés sur votre montre, il est fort possible qu'il adopte le même rythme pour ses repas nocturnes qu'un enfant nourri au sein. En l'absence de recherches sur ce point, nous n'avons aucune certitude.

Simplifiez-vous la vie

Les mères qui donnent le sein et qui pratiquent le *cosleeping* – le « sommeil partagé » ou le « cododo » –, ont la vie et la nuit plus faciles que celles qui donnent le biberon et qui ne dorment pas dans la même chambre que leur enfant.

Donner le sein la nuit, surtout pendant les premières semaines, peut se révéler plus agréable si votre bébé est à vos côtés (voir le chapitre 23). Une fois que vous saurez bien le nourrir en position allongée, vous vous réveillerez à peine lorsqu'il tètera : c'est autrement moins fatigant que de se lever à trois heures du matin pour réchauffer un biberon.

Si vous donnez le biberon, rien ne vous empêche de partager votre lit avec votre enfant : vous établirez avec lui des liens plus profonds et vous répondrez à son besoin de proximité. Vous pouvez aussi lui donner le biberon à la demande, ce qui permet également de rester en phase avec lui ; efforcez-vous simplement de respecter les quantités recommandées pour vingt-quatre heures.

Partager son sommeil

Menant en Angleterre des études sur le *cosleeping*, ou « sommeil partagé », ou « cododo », Helen Ball a constaté que l'allaitement maternel lui est étroitement associé : quand un bébé ne dort pas dans le lit parental, sa mère abandonne bien plus volontiers l'allaitement au sein.

Une mère qui allaite et qui partage son lit avec son nourrisson dort en général face à lui, adoptant une position naturellement sûre : la tête de l'enfant est à la hauteur de sa poitrine, les genoux repliés de la mère l'empêchent de glisser sous la couette, et un bras est placé autour du sommet de sa tête afin qu'il ne puisse pas remonter dans le lit. La mère crée ainsi un véritable nid.

En revanche, une mère qui n'a jamais allaité et qui dort avec son bébé l'installe sur un oreiller et sous la couette ; elle lui tourne le dos. Le plus souvent, elle partage son lit comme elle le ferait avec une autre personne.

CHAPITRE 9

UNE TÉTINE OU UN POUCE ?

« Un matin, il régnait dans sa chambre un tel silence que je suis allée voir ce qu'elle fabriquait : elle avait réussi à prendre ses deux pouces, qu'elle suçait vigoureusement, les deux jambes en l'air, ravie ! »

BELINDA, maman de Poppy.

La succion est un plaisir, chez l'enfant comme chez l'adulte. Mâchouiller un crayon, suçoter un bonbon, fumer une cigarette : toutes ces activités dépourvues d'intérêt nutritionnel se pratiquent par pur plaisir de la stimulation buccale. D'ailleurs, pourquoi croyez-vous que le baiser soit si agréable ?

À en croire un sociobiologiste – qui étudie les fondements biologiques des comportements sociaux et animaux –, le plaisir de sucer nous rappellerait la période de sevrage primitive, quand les mères mâchaient les aliments avant de donner à leur bébé la purée ainsi obtenue. Il y a une faille dans cette hypothèse : la plupart d'entre nous n'ont aucune expérience directe de cette pratique, nos mères ayant préféré nous nourrir avec des petits pots ou des aliments mixés. Mais, la prochaine fois que vous embrasserez votre compagnon, gardez à l'esprit cette idée, qui n'en reste pas moins intéressante…

Le plaisir de téter

Si un bébé aime tant prendre le sein ou le biberon, c'est donc pour assouvir non seulement sa faim ou sa soif mais également son plaisir buccal. Les mères qui donnent le biberon remarquent aisément, une fois le récipient vide, que leur enfant a suffisamment mangé, mais qu'il a encore envie de téter. Il faut donc trouver autre chose.

Quant aux mères qui allaitent, elles doivent décrypter les signaux transmis par leur enfant pour voir s'il a assez mangé, et ces signaux ne sont pas toujours faciles à percevoir. Tandis que certains bébés tètent rapidement pour ensuite s'intéresser à autre chose, beaucoup aiment s'attarder au sein, par plaisir du contact. Si vous n'êtes pas pressée, laissez votre enfant prendre tout son temps ; d'ailleurs, il y a sans doute des jours où vous serez ravie de vous installer confortablement pour profiter de ce moment d'intimité. Et si votre bébé est agité ou grognon, rester longtemps au sein peut être très précisément ce qu'il lui faut ; quant à vous, prenez donc un bon livre, passez quelques coups de fil ou regardez la télévision ! Certains jours, il vous faudra trouver d'autres solutions pour répondre à son besoin de succion. Alors se posera la question cruciale : faut-il, oui ou non, lui donner une tétine, ou faut-il le laisser prendre son pouce ?

La tétine, objet honni ?

Vous allez très vite vous en apercevoir : tout le monde a un avis sur la question. Tandis que les uns ne jurent que par la tétine, les autres l'abhorrent. Et si cet objet suscite des sentiments pour le moins contrastés, il n'existe pourtant aucune étude penchant en faveur de la tétine ou du pouce.

Les risques

Une chose est sûre : la présence fréquente de tout objet autre que le sein maternel dans la bouche d'un bébé risque d'entraîner une malocclusion, c'est-à-dire une implantation anormale de certaines dents et une mauvaise position des mâchoires. Par ailleurs, les personnes ayant sucé une tétine ou un biberon dans leur enfance risquent de ronfler ou de souffrir d'apnée du sommeil – une suspension plus ou moins prolongée de la respiration pendant la nuit –, ce qui non seulement dérange leur partenaire mais peut également provoquer des troubles du sommeil, voire des problèmes cardiovasculaires et pulmonaires. Enfin, la tétine augmente de 25 % le risque d'otite chez un bébé et accroît les problèmes de déglutition et les risques de suffocation.

Tétine contre sein ?

De plus en plus nombreuses sont les études qui montrent que les mères donnant une tétine à leur enfant cessent d'allaiter plus tôt que les autres. Pourquoi ? Tout d'abord parce que, armé de sa tétine, le bébé passe sans doute moins de temps au sein, ce qui se ressent sur la lactation. Ensuite, il est possible que la technique de succion utilisée pour la tétine, qui est différente, gêne l'aptitude à téter le sein. En revanche, rien ne permet de savoir si c'est la tétine qui suscite des problèmes dans le déroulement de l'allaitement ou si ce sont les mères ayant du mal à allaiter qui recourent à la tétine.

Conseils pour les premières fois

Si vous avez décidé de proposer une tétine à votre bébé, peut-être rencontrerez-vous quelques résistances, car faire accepter une tétine à un bébé nourri au sein relève parfois de la gageure. En effet, quand il sent quelque chose entrer dans sa bouche, il réagit souvent en sortant sa langue. Résultat : la tétine tombe automatiquement. Voici quelques conseils :

- Si votre bébé recrache la tétine, essayez de la lui proposer à nouveau quand il sera calme.

- Lorsqu'il commence à la sucer, même très doucement, tirez délicatement sur la tétine, comme pour la lui retirer. Cela l'incitera à sucer plus fermement. Continuez à la retenir : il finira par téter vigoureusement.

- Les premières fois, maintenez doucement la tétine en comptant jusqu'à huit. Si la tétine retombe malgré tout de sa bouche, c'est sans doute qu'il n'en veut vraiment pas.

BIBERONS ET TÉTINES MIS EN CAUSE

Portant sur plus de neuf mille enfants âgés de trois ans à dix-sept ans, une étude a mis en évidence le fait suivant : chez les bébés nourris au biberon, les risques de malocclusion sont 1,84 fois plus élevés que chez leurs congénères allaités au sein. Selon une autre étude plus récente, les tétines entraînent elles aussi des malocclusions. Les tétines dites physiologiques ou orthodontiques ne font aucune différence.

De la modération

Pour atteindre un juste équilibre, c'est-à-dire pour apaiser votre bébé tout en évitant d'éventuels problèmes ultérieurs :

- Utilisez une tétine avec modération.
- Laissez votre enfant prendre son temps au sein.
- Trouvez d'autres méthodes pour l'apaiser.
- Évitez d'associer la tétine à l'endormissement (voir le chapitre 20).
- Efforcez-vous de vous débarrasser de la tétine avant qu'elle devienne, vers six mois, un véritable objet transitionnel.
- N'attachez jamais une tétine avec une ficelle aux vêtements de votre bébé, car il y a un risque d'étouffement.

Sucer ses doigts : un réflexe

Les résultats de recherches montrent qu'il est préférable de ne pas donner de tétine à un bébé. Mais si vous ne lui proposez rien ou si vous ne le laissez pas aussi longtemps qu'il le souhaite au sein, il pourrait fort bien se mettre à sucer son pouce.

À la naissance, tous les bébés savent s'apaiser seuls : le réflexe de Babkin leur permet de porter leur main à la bouche pour la téter s'ils ont besoin de ce type de réconfort. Ce réflexe se perd vers l'âge de cinq à six semaines : peut-être est-ce la raison pour laquelle c'est alors que les bébés pleurent le plus. Si vous proposez à votre enfant une tétine pour remplacer sa main, il est fort possible qu'il ne suce jamais ses doigts.

Si les orthodontistes réprouvent l'emploi de la tétine à long terme, ils considèrent que sucer son pouce est tout aussi néfaste. De même, les orthophonistes sont opposés à l'utilisation prolongée de la tétine ou du pouce, deux pratiques susceptibles de modifier la structure interne de la bouche et d'entraîner ultérieurement des problèmes d'élocution. Et les études menées sur la malocclusion révèlent que téter plusieurs fois par jour, pendant la journée et durant de longues périodes, amplifie ce phénomène, tout comme le fait de conserver une tétine plusieurs mois.

Pesez le pour et le contre

Le pouce présente des avantages :

• Votre bébé est le maître du jeu : s'il a un chagrin ou s'il se réveille en pleine nuit, il peut prendre son pouce plutôt que de vous appeler à son secours.

• Vous n'avez rien à stériliser et vous ne risquez pas de perdre quoi que ce soit.

Mais il a aussi des inconvénients :

• C'est une habitude difficile à abandonner.

• Vous ne contrôlez pas le moment pendant lequel votre bébé suce son pouce ni combien de temps il le fait : il risque alors de se déformer la bouche, ce qui pourrait entraîner un traitement orthodontique long et coûteux.

La tétine présente des avantages :

• Il est plus facile de se débarrasser d'une tétine que d'empêcher un enfant de sucer son pouce.

• Elle peut apaiser un bébé grognon avant qu'il sache trouver son pouce tout seul.

Mais elle a aussi des inconvénients :

• À chaque fois qu'elle tombe par terre, vous devez la stériliser.

• Si votre bébé finit par en avoir besoin pour dormir, il vous réveille la nuit quand il la perd.

LUTTER CONTRE LA DOULEUR

Une étude a porté sur les différentes méthodes destinées à apaiser des bébés qui subissaient des examens médicaux pénibles. Ses résultats ont été intéressants : excepté les analgésiques, le remède le plus efficace pour lutter contre la douleur a été la tétine, plus efficace que le saccharose ou le glucose concentré ou que l'absence de traitement. Toutefois, le plus efficace de tous les analgésiques a été l'association saccharose-tétine ; cela explique sans doute pourquoi on trempait autrefois les tétines dans du miel. Aujourd'hui, il est déconseillé de donner du miel à des bébés en raison du risque de botulisme (une intoxication très grave et souvent mortelle) ; de plus, sucer une tétine sucrée est très mauvais pour les dents en formation.

Deuxième temps
« Rassure-moi »

CHAPITRE 10

C'EST COMME DANS LE VENTRE DE MAMAN

« À 3 heures du matin, je me suis retrouvée installée par terre, tenant mon bébé dans un bras et le sèche-cheveux allumé à fond dans l'autre. Pour une raison incompréhensible pour moi, cela a fait cesser ses pleurs. Ce sont des moments délirants comme celui-ci qui m'ont permis de préserver ma santé mentale. »

IONA, maman de Sebastian et de Francesca.

Sans conteste, l'être humain donne naissance aux bébés les moins autonomes de toutes les espèces – tandis que certains mammifères savent marcher quasiment dès leurs premières heures et que nos plus proches cousins, les grands singes, sont très tôt capables de tenir leur tête et de s'agripper à la fourrure de leur mère. Des spécialistes ont avancé l'hypothèse suivante : les êtres humains naissent prématurés ; ils sont contraints de naître avant terme, avant que leur tête devienne trop grosse pour passer par le bassin de leur mère ;

en réalité, il leur faudrait trois mois de plus dans l'utérus. Voilà une théorie tout à fait intéressante…

Mais les petits d'homme naissent avec quantité de compétences : ils possèdent une excellente maîtrise des muscles du visage, ce qui favorise une communication complexe avec qui les regarde et ce qui les fait téter activement le sein de leur mère ; ils savent faire des vocalises allant jusqu'au pleur ; et s'ils sont incapables de survivre seuls, ils disposent en revanche d'outils extraordinaires leur permettant, justement, de ne pas avoir besoin de survivre seuls : ils peuvent dépendre de nous, les adultes.

Qu'il ait ou non besoin de passer plus de temps dans le ventre maternel, un bébé semble apprécier les sensations qui le lui rappellent : parce qu'elles lui sont familières, parce qu'elles évoquent des souvenirs agréables. Ces associations vous aideront à apaiser un bébé agité.

Sens et sensations

L'odorat

Incroyable mais vrai : le fœtus perçoit les odeurs ! Le sens de l'odorat se développe autour de la vingt-huitième semaine de gestation, et le liquide amniotique transporte les odeurs. Au cours du troisième trimestre de grossesse, le fœtus sent tout ce que sa mère sent ; en effet, le placenta devient plus perméable, laissant passer des molécules venant du monde extérieur. Cela explique sans doute pourquoi, après la naissance, un bébé est en mesure de reconnaître sa maman : des études ont montré qu'un nouveau-né réagit à l'odeur de son propre liquide amniotique et qu'il préfère téter un sein humecté avec ledit liquide.

UN BÉBÉ RECONNAÎT SA PROPRE ODEUR

Pendant ses six premières heures, un nouveau-né qui n'a pas été lavé parvient, mieux que les autres, à porter ses mains à sa bouche afin de s'apaiser : tel est le résultat de certaines recherches. Au bout de six jours, votre bébé reconnaîtra l'odeur de votre lait. On pense également qu'un bébé plus âgé marque ses parents de son odeur : pendant l'allaitement avec sa salive, puis en pleurant et en bavant. Cela s'applique également aux objets transitionnels : voilà pourquoi les enfants sont tellement contrariés quand leur doudou passe à la machine à laver.

La vue

Dans l'utérus, un bébé perçoit des variations lumineuses, même s'il n'y fait jamais clair. Par moments, il entrevoit une luminosité rouge et diffuse, quand de la lumière traverse la peau et les vaisseaux sanguins de sa mère ; à d'autres moments, en pleine nuit ou quand sa mère est habillée, l'obscurité la plus totale règne. La vue ne joue donc pas alors un rôle déterminant.

À sa naissance, un nouveau-né se fie sans doute moins à sa vue qu'à ses autres sens – bien que certains bébés soient plus « visuels » que d'autres. Certes, il voit, mais comme s'il regardait à travers du verre opaque : il a du mal à discerner autre chose que les contrastes marqués et il perçoit uniquement ce qui se situe à vingt ou trente centimètres de lui.

Le mouvement

Quand sa mère vaque à ses activités quotidiennes, le bébé est doucement ballotté ; peut-être se tient-il alors immobile afin de profiter de ces exquises sensations de bercement. Quand sa mère dort ou se repose, le mouvement cesse ; souvent, le bébé donne alors des coups de pied et s'agite pour recréer ces sensations.

Situé dans l'oreille interne, le système vestibulaire gère notre sens du mouvement et de l'équilibre ; c'est l'un des systèmes les plus primitifs de l'être humain, le deuxième, après le toucher, à se mettre en place dans le développement du fœtus. Il est en particulier responsable du réflexe de Moro, appelé également « manœuvre d'embrassement » : quand un bruit ou un mouvement brusque modifie son environnement, un nouveau-né écarte ses deux bras, ouvre les mains, referme ses bras et relève ses jambes ; en général, il crie ou il pleure. Sans doute était-ce à l'origine une manière de se raccrocher, de ne pas tomber, de ne pas se faire mal.

Le toucher

Tout autour de lui, dans le ventre de sa mère, la température est constante et assez élevée. S'il est maintenu par les muscles utérins, le bébé éprouve également une sensation d'apesanteur, car il flotte dans le liquide amniotique, comme s'il était dans une piscine chaude et profonde.

Même les prématurés, dès la vingt-cinquième semaine de gestation, éprouvent la sensation du toucher, qui se développe de la tête aux pieds. La bouche est la première région du corps à devenir sensible ; cela explique pourquoi les bébés et les jeunes enfants y portent tout.

UN BÉBÉ RECONNAÎT SA TÉTINE AU TOUCHER

Des chercheurs ont réalisé l'expérience suivante : ils ont donné à des bébés des tétines de formes différentes, sans qu'ils puissent les voir. Ensuite, ils leur ont présenté des versions agrandies de ces tétines : les bébés sont parvenus à reconnaître celles qu'ils avaient sucées.

UN BÉBÉ RECONNAÎT LES MUSIQUES ENTENDUES
Dans le cadre d'une expérience, des chercheurs ont demandé à des femmes enceintes de lire une histoire, à haute voix et deux fois par jour, pendant les six dernières semaines de leur grossesse. Peu de temps après la naissance des bébés, les chercheurs ont réalisé des tests afin de déterminer si les bébés préféraient écouter cette histoire ou bien une autre. Résultat : leurs préférences allaient à la première, ce qui démontre qu'ils reconnaissaient l'histoire entendue dans le ventre de leur mère. Une autre étude a montré que les nouveau-nés cessaient de pleurer quand ils entendaient la musique des séries télévisées que leurs mères regardaient pendant la grossesse.

L'ouïe

Aujourd'hui, l'ouïe est considérée comme le sens le plus important pour un fœtus ; c'est intéressant, parce que c'est l'ouïe qui permet de communiquer avec le monde extérieur. Un fœtus entend constamment des bruits : les battements du cœur de sa mère, des gargouillis, ainsi que divers glouglous provenant de sa digestion. Selon l'activité de sa mère, le niveau sonore varie entre trente et quatre-vingt-seize décibels. Parce que les fréquences basses pénètrent mieux dans le ventre que les fréquences hautes, la voix de son père s'entend bien ; toutefois, c'est celle de sa mère qui reste la plus distincte puisqu'elle traverse directement son organisme.

Des chercheurs ont constaté que, dans l'utérus, les bébés réagissaient à la musique, et plus particulièrement quand c'était leur mère qui chantait ; en revanche, ils ne semblaient guère apprécier le rock, l'opéra et le jazz – mais, comme toujours, il y a des exceptions !

C'est également dans le ventre de sa mère qu'un fœtus commence à s'adapter à la langue qui sera la sienne : dès la naissance, il bouge son corps en suivant le rythme du discours qu'il entend ; selon plusieurs études réalisées, il le fait mieux dans sa langue que dans une langue étrangère.

Comme avant

Pendant les six premiers mois de votre bébé, mettez à profit toutes les connaissances disponibles sur la vie intra-utérine pour le consoler et l'apaiser au mieux (voir aussi les chapitres 11 et 12 consacrés à l'ouïe, au mouvement et au toucher).

Approchez-vous

Vous savez maintenant que la vision de votre bébé est brouillée ; sans doute cela vous aidera-t-il à le comprendre quand il est agité : même si vous le voyez, il se pourrait fort bien que, lui, ne vous voie pas. Approchez-vous au plus près pour le rassurer.

Rapprochez-vous

Pour votre bébé, l'odorat est un sens aiguisé, un sens très important, beaucoup plus important que la vue. Ne l'oubliez pas et évitez notamment de mettre un parfum trop capiteux ou d'utiliser un produit d'entretien trop fort. Car le contact que vous avez avec votre enfant est primordial ; il lui permet de se familiariser avec votre odeur : un bébé nourri au sein reconnaît l'odeur de sa mère dès la naissance, tandis qu'à deux semaines un bébé nourri au biberon ne sait pas identifier l'odeur de sa maman. Ni les uns ni les autres ne reconnaissent l'odeur de leur père.

Quel que soit le mode d'alimentation choisi, resserrez vos liens maternels en tenant votre enfant tout contre vous, peau à peau.

Laissez-lui du temps

Tandis que certaines de ces méthodes seront des plus efficaces, d'autres laisseront sans doute votre bébé totalement indifférent. Et ce qui fonctionne aujourd'hui ne marchera peut-être plus demain. Rien d'étonnant à cela : votre enfant a déjà son caractère et, comme vous vous en apercevrez très vite, il sait exactement ce qu'il veut. Voici toutefois quelques éléments à prendre en considération :

- essayez une seule stratégie à la fois : vous parviendrez plus facilement à déterminer ce qui fonctionne ;

- laissez-lui le temps d'enregistrer ce que vous faites puis de réagir : pensez au temps qu'il lui faut, même quand il est concentré, pour vous rendre votre sourire ou, lorsque vous lui tirez la langue, pour vous imiter.

Et s'il devenait dépendant ?

À mesure que votre enfant grandira et se développera, les méthodes qui lui rappellent sa vie intra-utérine perdront de leur efficacité : dans le monde extérieur, hors du ventre maternel, il aura accumulé de nombreuses expériences agréables. Toutefois, certaines d'entre elles resteront réconfortantes en cas de stress, ce qui est parfaitement normal. En période de détresse émotionnelle, les adultes aiment également être pris et serrés dans les bras. Pas d'inquiétude : il est fort peu probable que votre bébé devienne un adolescent « accro » au bruit de l'aspirateur ou du lave-linge !

UN BÉBÉ RECONNAÎT SES SENSATIONS PASSÉES

Au cours d'une étude, on a comparé le sommeil de bébés dormant dans un berceau traditionnel avec celui de bébés dormant dans un berceau spécialement conçu pour recréer les sensations ressenties dans le ventre maternel – il bougeait, produisait des sons et maintenait fermement le bébé.

Pendant la durée de l'étude, les bébés placés dans le second type de berceau ont moins pleuré que les autres, ont dormi la nuit durant de plus longues périodes et ont fait leurs nuits plus tôt.

CHAPITRE 11

JOUEZ DES SONS ET DES MOUVEMENTS

« Mon premier enfant devait naître aux alentours de Noël. En allant au travail, dans ma voiture, j'écoutais le Messie *de Haendel. Après sa naissance, un jour où il pleurait beaucoup, j'ai décidé de couvrir ses cris avec quelques Alléluias de Haendel. Quelle ne fut pas ma surprise en constatant qu'il cessa aussitôt de pleurer pour écouter, une expression de ravissement sur le visage ! »*

CAROLINE, maman d'Alasdair, de Chris et de Josie (et auteur de cet ouvrage).

De nos jours, on trouve de tout pour apaiser un bébé, jusqu'à des cassettes de sons de la vie intra-utérine et des nounours émettant ces mêmes sons ! Sachez que le bruit d'un sèche-linge, d'une hotte, d'un robinet qui coule, de l'aspirateur ou d'un sèche-cheveux produit le même effet, tout comme le grésillement de la radio quand elle est mal réglée. Essayez de découvrir quel bruit préfère votre bébé, et enregistrez-le.

Musiques douces et cadencées

Si la perspective de faire écouter de tels bruits à votre enfant vous fait dresser les cheveux sur la tête, proposez-lui quelque chose qui vous plaît. Nombreux sont les bébés qui aiment la musique, et certains ont des goûts précis ; si le vôtre n'apprécie guère la musique classique, misez sur le rock'n'roll ! Et dansez avec lui dans vos bras : le plaisir en sera décuplé. Nous savons qu'un bébé se souvient de la musique qu'il a écoutée pendant la grossesse ; si vous aviez alors un disque préféré, faites-le-lui réécouter : vous verrez bien le résultat.

Si votre bébé n'apprécie pas les rythmes endiablés, chantez-lui des berceuses : il sera aux anges si vous les lui fredonnez doucement, votre tête appuyée tout contre la sienne. Destinées à endormir les enfants, les berceuses ont souvent une cadence qui coïncide avec les battements du cœur. Astucieux, non ?

Par ailleurs, dans de nombreuses langues, le son « ch » constitue la racine du mot utilisé pour demander le silence. Prononcé assez fort, il a le même effet qu'une cassette de sons intra-utérins, et vous l'avez toujours sur vous ! Chhhut !

Sons intra-utérins contre berceuses

Une sage-femme a constaté que, dans 98,4 % des cas, les cassettes diffusant des sons intra-utérins parvenaient à apaiser les bébés qui lui étaient confiés. Et quand elles n'avaient aucune efficacité, c'est que les bébés avaient faim. Elle a comparé ces cassettes avec des berceuses enregistrées : il fallait moins de cinq minutes pour calmer un bébé avec des sons intra-utérins, contre dix environ avec des berceuses.

Les rythmes lénifiants

Un bébé adore le mouvement : plus c'est énergique, plus il est content. Dansez avec lui, swinguez, emmenez-le en voiture – par exemple pour aller retrouver d'autres jeunes mamans dans un groupe de soutien postnatal – ou sortez faire une longue balade au vert, votre enfant bien installé dans un porte-bébé ventral, un porte-bébé dorsal ou une poussette. Se promener tous les jours avec votre bébé est une excellente habitude à prendre : c'est un bon exercice physique pour vous, vous prenez tous les deux un grand bol d'air frais et, en sortant de chez vous régulièrement, vous réduisez le risque de dépression postnatale.

Prenez-le, portez-le

Certains nouveau-nés traversent des phases de « désorganisation » : ils se contorsionnent, pleurent et leur corps est tendu. Un bébé qu'on prend dans les bras et qu'on porte traverse beaucoup moins ce type de phase et témoigne d'une plus grande vivacité visuelle. C'est important, car c'est pendant ces périodes d'éveil silencieux qu'un bébé absorbe de la manière la plus efficace les informations relatives au monde environnant. Et si votre bébé demande souvent à être pris dans les bras et porté, pourquoi ne pas le confier de temps en temps à d'autres personnes.

En revanche, ne faites jamais sauter votre bébé dans vos bras, ne le secouez jamais si vous êtes en colère ou très contrariée : non seulement vous lui communiquerez vos sentiments, qui le rendront encore plus grognon, mais vous risquez de lui faire très mal.

Le porte-bébé : tout contre vous

Si vous choisissez un porte-bébé ventral, investissez dans un modèle polyvalent et de bonne qualité. Ceux qui permettent plusieurs positions du bébé – face à vous, face au monde et parfois dans votre dos – vous serviront plus longtemps car ils s'adapteront à l'évolution de votre enfant : tout petit, il aimera être collé tout contre vous, bien au chaud, le nez dans votre poitrine ; au bout de quelques mois, il aimera découvrir le monde en même temps que vous, à votre hauteur, le regard vers l'extérieur. Renseignez-vous, il en existe aujourd'hui de nombreux modèles et empruntez-en quelques-uns avant de vous décider ; certains n'offrent pas un maintien suffisant, de sorte que votre enfant sera rapidement trop grand pour en profiter.

Le transat : pour le balancer

Si vous n'avez pas envie de porter votre bébé en permanence, vous pouvez également acheter un transat qui le balancera et se chargera de le bercer à votre place ; il recréera les sensations qu'il a connues dans votre ventre, où il était sans doute bercé d'avant en arrière plutôt que de droite à gauche. Des chercheurs ont constaté que, ce qu'un bébé préfère, ce sont les mouvements qui correspondent à ceux que faisait votre bassin quand vous marchiez – soixante mouvements maximum par minute et d'une amplitude de sept centimètres. Vous imaginez la scène ? Des chercheurs en blouse blanche, un bloc-notes à la main, réalisant cette expérience dans une pièce remplie de bébés en pleurs !

Les bébés portés pleurent moins

Réalisée à New York, l'expérience suivante a fait beaucoup parler d'elle. Des mères ont été, au hasard, réparties en trois groupes : les premières ont reçu un porte-bébé, les deuxièmes un siège pour bébé en plastique et les troisièmes – le groupe de contrôle – n'ont rien reçu du tout.

Quand les bébés ont atteint treize mois, la qualité des liens entre leur mère et eux a été évaluée à l'aveugle – c'est-à-dire sans que les chercheurs sachent à quel groupe appartenaient les mères et les bébés. On a constaté que les bébés qui avaient été portés dans des porte-bébés étaient plus stables sur un plan émotionnel que ceux des deux autres groupes, et qu'ils pleuraient moins.

Les bébés nourris au sein et au biberon avaient été répartis dans les trois groupes d'une manière uniforme ; les chercheurs ont donc pu en conclure que le fait de porter un bébé contre soi, pendant ses premiers mois, avait un effet plus positif sur la relation mère-enfant que l'allaitement.

CHAPITRE 12

LES BIENFAITS DU TOUCHER

« J'ai commencé à m'intéresser aux massages quand j'ai voulu soulager mon bébé qui souffrait de coliques. Aujourd'hui, je donne des cours à des petits groupes de mères dont les bébés ont des coliques, ou qui souhaitent leur faire du bien. En règle générale, ça apaise aussi les mamans. J'essaie de faire en sorte que les mères soient calmes et détendues avant de commencer les massages : car un bébé perçoit tout de suite l'humeur de sa maman ! À maman calme, bébé calme. À maman tendue, bébé tendu. »

JEAN, maman de Laura.

Savez-vous quel est le plus grand organe du corps humain ? C'est la peau : avec une superficie totale de deux mètres carrés environ, elle nous protège mais nous permet aussi de percevoir l'un de nos sens les plus fondamentaux. Car nous pouvons être privés de la vue ou de l'ouïe, pas du toucher ; les nouveau-nés qui présentent des connexions nerveuses défectueuses entre le cerveau et la peau risquent de ne pas se développer normalement, voire de mourir.

Dans les cultures où le toucher occupe une place privilégiée, l'agressivité entre adultes est faible ; en revanche, elle se montre élevée dans les sociétés où ce sens est restreint : voilà ce qu'a constaté Tiffany Field, directrice des Touch Research Institutes de l'école de médecine de l'université de Miami.

Maintenu, serré, enveloppé

Parce qu'ils ont été pendant neuf mois étroitement maintenus dans le ventre de leur mère, la plupart des bébés aiment retrouver cette sensation et être bien serrés dans une petite couverture. Si votre enfant n'apprécie guère, persévérez : peut-être s'apaisera-t-il tout de même une fois enveloppé. Dans certains cas, cela empêche un bébé de gigoter, ce qui vous permet d'essayer de le calmer d'une autre façon. Mais laissez toujours ses mains libres car elles constituent ses premiers outils d'exploration du monde.

Bien envelopper un bébé non seulement l'apaise mais peut aussi l'aider à s'endormir ; il dort plus longtemps, même s'il n'est maintenu qu'au-dessus de la taille. De plus, il paraît avoir davantage de contacts physiques et sociaux avec les adultes – est-ce parce qu'il est plus facile à tenir ?

Autrefois, la pratique de l'emmaillotage était de règle dans les sociétés occidentales ; connue depuis l'Antiquité, elle a perduré jusqu'à la fin du XIXe siècle. Et contrairement à ce qu'on pourrait croire, un bébé emmailloté se développe tout à fait normalement ; chez les Indiens Hopi, les enfants passent une grande partie de leur première année attachés sur une planche installée sur le dos de leur mère, qui fait office de porte-bébé : cela ne les empêche pas de commencer à marcher vers quinze mois, une performance située dans la moyenne.

LE TOUCHER ET LE CERVEAU

Des chercheurs ont constaté que, lorsqu'ils donnaient des jouets à toucher à des bébés rats, leur cortex somatosensitif – la partie du cerveau qui intervient dans la perception du toucher – se développait. Toutefois, quand ces jouets restaient dans leur cage, les rats finissaient par s'en lasser, et la taille de leur cortex diminuait à nouveau – cela ne signifie pas qu'il faut acheter des jouets par centaines ! Le même phénomène s'est produit chez les bébés rats que leur mère toilettait plus que les autres ou qui, pendant leurs premières semaines, avaient été davantage manipulés par les chercheurs.

Comment vous y prendre

- Posez une couverture pour bébé sur le sol, en losange.
- Repliez un peu la pointe du haut afin de former un bord plat sur lequel reposeront les épaules de votre enfant.
- Placez-le sur la couverture ; rabattez sur lui l'un des coins latéraux et glissez-le sous ses fesses. Repliez le coin du bas et glissez-le dans ce pli.
- Repliez l'autre coin latéral pour entourer votre bébé ; rentrez le coin pour fixer la couverture au niveau de son cou. Votre bébé est ainsi bien maintenu.

Bien au chaud

L'autre sensation tactile ressentie par le fœtus est l'immersion dans du liquide chaud. Les adultes également adorent cette sensation – un bon bain chaud n'est-il pas synonyme de détente ? Si, pour cette raison précise, la plupart des bébés aiment le bain, d'autres se mettent à paniquer à la vue d'une baignoire. Pourquoi ? Sans doute à cause de la façon dont nous les plongeons dans l'eau.

Si le bain l'effraie

Pour un bébé, l'une des expériences les plus déconcertantes est d'avoir la sensation qu'il tombe ou qu'on le lâche. Un réflexe archaïque, le réflexe de Moro, le fait écarter puis réunir les bras pour essayer de se rattraper (voir le chapitre 10).

Si le bain fait peur à votre enfant, faites-lui sa toilette sans le plonger dans l'eau – une sage-femme ou une puéricultrice vous montrera comment –, ou essayez de le baigner à plat ventre, en plaçant votre main sous son menton pour bien le maintenir au-dessus de l'eau.

Mieux encore : plongez-vous dans le bain avec lui et posez-le sur votre ventre, dans l'eau. C'est aussi un excellent moyen de le mettre au sein quand rien d'autre ne fonctionne. Sachez qu'il vous faudra sans doute de l'aide pour sortir du bain. À éviter donc si vous êtes seule à la maison.

Ce que vous pouvez faire…

Peau à peau

Prendre votre bébé tout nu et le serrer contre votre peau nue : voilà qui est apaisant, à la fois pour vous et pour lui. Et s'il a du mal à prendre le sein, l'allaiter ainsi peut se révéler efficace.

Une étude a comparé des nouveau-nés ayant un contact peau à peau avec leur mère et d'autres installés dans un berceau, près de leur mère. Les premiers pleuraient moins que les autres, la température de leur corps et leur taux de glycémie étaient plus élevés.

Le masser

Et si votre enfant trouvait les massages apaisants ? Pour cela, nul besoin d'être une masseuse confirmée : observez-le, tout simplement, pour voir ce qui lui plaît. Exécutez des mouvements longs et lents, en maintenant toujours d'une main le contact avec son corps. Il n'est pas indispensable d'utiliser de l'huile ; si vous souhaitez le faire, mieux vaut choisir une huile végétale ; en revanche, ne prenez pas d'huiles d'aromathérapie ou d'huiles parfumées, trop fortes pour les bébés.

Des études ont été réalisées sur des prématurés : ceux qui avaient été massés ont pris du poids plus vite, ont quitté la maternité plus tôt et ont présenté moins de complications postnatales que les autres. Une autre étude a été effectuée sur des bébés nés avant terme : à l'âge de six mois, ceux qui avaient été massés obtenaient de meilleurs résultats aux tests de quotient intellectuel que les autres. Par ailleurs, les massages permettent de réduire la durée des pleurs des enfants qui souffrent de coliques (voir le chapitre 13).

Si vous et votre bébé avez pris plaisir aux massages, peut-être aurez-vous envie de vous inscrire à un cours pour vous perfectionner : renseignez-vous à la maternité où vous avez accouché, au centre de protection maternelle et infantile (PMI) le plus proche de chez vous (informations à la mairie), ou auprès de votre pédiatre.

Chapitre 13

Les « coliques », c'est quoi ?

« Après sa naissance, notre bébé pleurait beaucoup, mais il s'arrêtait quand je lui fredonnais la chanson que je chantais pendant les deux derniers mois de grossesse, en me reposant ou en me livrant à une activité calme. Cela semblait l'apaiser et l'aider à se détendre. Le soir, lors de ses pires coliques, la seule chose qui le soulageait, c'était de le prendre dans les bras pour monter et descendre les escaliers. Il était installé à plat ventre, sur l'avant-bras de mon mari, tourné vers le coude, de sorte que la main de son père reposait sous son ventre. J'imagine que la chaleur de la main et le mouvement lui faisaient du bien. Une nuit, alors qu'il était encore tout petit et qu'il n'arrêtait pas de pleurer, j'étais à bout de nerfs quand j'ai décidé de lui donner un bain… à 2 heures de matin ! Ça a marché ! »

Nicola, maman d'Alistair.

Vous n'imaginiez pas les choses ainsi : votre bébé pleure pendant des heures et des heures, comme s'il était en proie à de terribles souffrances ; tout ce que vous essayez de faire est efficace pendant quelques minutes seulement, et puis ça repart de plus belle. Alors que vous vous attendiez à accueillir un petit bout souriant, content d'être là, votre bébé est malheureux comme les pierres. Votre entourage vous dit : « Oh, c'est des coliques, ça va passer. » Il n'empêche que vous, vous voulez faire quelque chose pour soulager votre enfant, et tout de suite.

Les parents veulent être écoutés, compris, crus et rassurés

Un chercheur a mené des entretiens détaillés avec quatorze familles vivant dans le West Yorkshire, en Angleterre, pour le compte d'une publication destinée aux infirmières ; il souhaitait déterminer l'aide apportée par les professionnels de santé aux familles dont le bébé souffrait de coliques. Il est parvenu à cette conclusion : les parents ont quatre besoins spécifiques. Ils veulent :

- qu'on les écoute et qu'on essaie de les comprendre ;
- qu'on les croie ;
- que quelqu'un vienne les voir et soit présent ;
- qu'on les rassure : non, ils ne sont pas responsables des coliques de leur enfant ; oui, ses pleurs finiront par s'arrêter.

Nombreux étaient les parents interrogés qui, d'une manière générale, déploraient l'absence d'écoute et de compréhension.

Il reste inconsolable

Tous les parents qui sont passés par là savent décrire avec précision le phénomène : leur bébé paraît inconsolable et il pleure pendant ce qui leur semble une éternité.

En général, les coliques commencent vers l'âge de deux semaines, puis elles atteignent leur point culminant à six semaines, avant de s'estomper après le troisième mois. Tandis que certains bébés pleurent toute la journée, le plus souvent les coliques surviennent le soir, certaines se poursuivant bien au-delà de l'heure du coucher des adultes ! Beaucoup de parents dépeignent un bébé relevant les jambes, comme s'il souffrait de crampes ou de maux de ventre ; il veut désespérément téter mais, même après avoir mangé, il continue de pleurer.

Quand votre enfant est pris de coliques, sans doute avez-vous le sentiment que tout votre univers bascule. Vous qui vous faisiez une joie d'être parent, vous tenez dans vos bras un petit être inconsolable. Personne ne semble comprendre ce qui se passe, personne ne vous aide. Votre pédiatre ou la puéricultrice de la maternité se contentent de vous affirmer qu'il s'agit d'une période passagère, à moins qu'ils ne vous prodiguent des conseils totalement inefficaces. Sachez au moins une chose : il est parfaitement normal de se sentir déprimée, voire d'éprouver de la colère.

Une définition

Au moins pour un certain temps, les chercheurs s'étaient entendus sur une définition des coliques : selon la « règle de trois » de M.A. Wessel, on considérait qu'un bébé avait des coliques s'il pleurait pendant trois heures par jour au moins et plus de trois jours par semaine. Cette définition a été assouplie et, maintenant, on admet que si un enfant pleure deux heures et demie par jour, ça fait quand même beaucoup ! Aujourd'hui, la plupart des scientifiques s'accordent donc à dire que les coliques touchent les bébés qui pleurent ou qui geignent beaucoup, dont les pleurs sont intenses et qui restent quasiment inconsolables.

En revanche, personne n'est d'accord pour déterminer les causes desdites coliques. Malgré les nombreux travaux réalisés sur le sujet, aucune découverte concluante n'a été effectuée ; cela s'explique sans doute par la diversité des raisons qui poussent un bébé à pleurer pendant de longues périodes. Il vous faudra donc les passer toutes en revue pour découvrir la manière de soulager votre enfant.

Les « coliques » ? Inexpliquées

Le mot « colique » vient du grec *kôlikos*, qui signifie « gros intestin » ou « côlon » : cela laisse penser qu'il s'agit d'une indigestion ou de douleurs abdominales. Toutefois, des chercheurs ayant installé des magnétophones dans des familles où un bébé souffrait de coliques ont constaté la durée – certes excessive – de ses pleurs, mais ils n'ont pu déterminer la spécificité de ces pleurs, qui n'étaient pas fondamentalement différents de ceux d'autres bébés – même s'il est vrai que les pleurs de douleur sont difficiles à identifier (voir le chapitre 1).

En général, les parents pensent que leur enfant souffre : tout d'abord parce qu'il semble inconsolable, ensuite parce qu'il replie souvent ses genoux, comme s'il avait des crampes abdominales ou des gaz. Pourtant, les radiographies effectuées n'ont rien révélé de particulier chez les nouveau-nés souffrant de coliques. D'ailleurs, observez n'importe quel bébé contrarié qui pleure énergiquement : il remonte souvent ses genoux, car il pleure de tout son corps ! Cela n'est donc pas un signe fiable. Passez tout de même en revue les différents facteurs susceptibles de donner des maux de ventre à votre enfant. Sans oublier que les coliques ne sont pas nécessairement synonymes de maux de ventre.

C'est la raison pour laquelle on parle désormais et plus volontiers de « pleurs inexpliqués » à propos des bébés qui pleurent plus longtemps que la moyenne, qui sont plus difficiles à consoler, dont les pleurs sont en général plus forts et qui surviennent à un moment précis de la journée.

Vous pensez que votre bébé souffre ? Consultez votre pédiatre pour exclure tout problème grave. C'est indispensable, surtout s'il pleure pendant toute la journée, si cela persiste après l'âge de quatre mois ou si d'autres symptômes sont associés : de la fièvre, des vomissements, des troubles digestifs, une perte de poids...

Un problème digestif ?

Des chercheurs ont comparé la vésicule biliaire de certains bébés souffrant de coliques avec celle de bébés d'un groupe de contrôle. Ils ont constaté que, chez les premiers, le niveau de motiline – une hormone sécrétée par le petit intestin qui accroît la motilité gastro-intestinale – était plus élevée, et cela dès la naissance. Cela pourrait indiquer que leur appareil digestif présentait un problème.

Mais pourquoi tant de pleurs ?

Une chose peut vous consoler, vous : pleurer apporte quelque chose à votre enfant, mais si ! Trois explications ont été avancées.

Ça réchauffe

Tout au long de l'évolution des mammifères, les pleurs sont apparus, dans le cadre de la thermorégulation, pour assurer l'homéothermie – c'est-à-dire la température stable de l'organisme.

Des expériences menées sur des bébés rats ont montré qu'ils continuaient à pleurer même quand ils avaient froid, même en hypothermie ; dès qu'ils commençaient à se réchauffer au contact de leur mère, ils cessaient de pleurer. Conclusion : les pleurs font monter la température corporelle et contribuent à prévenir l'apparition des œdèmes pulmonaires – qui surviennent quand, après avoir eu très froid, l'organisme retrouve une température normale.

Ça fait monter le lait

Les pleurs suscitent chez une maman mammifère un réflexe qui fait descendre le lait depuis l'intérieur du sein jusqu'au mamelon. Si vous allaitez, n'avez-vous pas remarqué qu'un pleur de votre enfant suffit parfois à vous faire ressentir des picotements et à faire couler votre lait ? Quand un bébé pleure, avant toute chose, sa mère essaie en effet de lui donner à manger. Le plus souvent, les bébés qui souffrent de coliques se développent harmonieusement ; à l'opposé, les bébés dont la croissance se passe mal font souvent leurs nuits avant les autres et pleurent peu.

Au cours de l'évolution de l'espèce humaine, pendant des millions d'années le manque de nourriture a constitué la principale menace pour notre survie : les bébés susceptibles de survivre étaient sans doute ceux qui pleuraient fort et qui obtenaient ainsi à manger ; l'intérêt de pleurs puissants et persistants est donc manifeste. Le hic, c'est que, dans les pays développés, la nourriture abonde : les bébés n'ont plus besoin de hurler à pleins poumons pour s'assurer qu'ils auront plus à manger que les autres ! Une information qu'ils ne semblent pas encore avoir intégrée.

Ça stimule

La troisième et dernière explication des pleurs excessifs réside dans une bonne vieille idée passablement démodée : l'entraînement ! En effet, les pleurs favoriseraient la maîtrise du système vocal ; les pleurs inexpliqués du nouveau-né constitueraient donc en partie un entraînement. Cela expliquerait pourquoi porter dans les bras un bébé qui pleure est si efficace : dans les bras de sa mère, il est stimulé, ce qui réduit son besoin de pleurer ; à l'opposé, il pleure quand il est immobile, ce qui constitue une forme d'autostimulation.

Alors, que faire ?

Quoi de plus désespérant qu'un bébé inconsolable ! Et, quand votre enfant pleure, il est si facile de perdre son calme ; dans la mesure du possible, essayez de rester sereine car votre bébé sentira votre tension, ce qui risque d'aggraver la situation. Peut-être cela vous aidera-t-il de savoir que beaucoup de bébés passent par là. Votre objectif est, sans vous laisser gagner par son anxiété, de transmettre à votre enfant que vous êtes là pour lui.

Sachez également que, même s'il paraît contrarié pendant de longues heures, votre enfant n'en gardera aucun souvenir. S'il vous perçoit comme quelqu'un d'attentionné et de fiable, le fait d'avoir passé des heures à pleurer ne sera pas, sur le plan émotionnel, aussi grave que vous pourriez le craindre.

Quelques conseils

- Ne portez pas ce fardeau toute seule. Demandez à votre famille, à vos amis et à votre compagnon de vous relayer pour consoler votre bébé.

- Allez rencontrer d'autres jeunes mères dont les bébés souffrent de coliques ; cela vous aidera peut-être. Renseignez-vous auprès de votre pédiatre, d'une puéricultrice ou auprès de votre mairie pour connaître l'adresse du centre de protection maternelle et infantile (PMI) le plus proche de chez vous.

- Vous sentez que vous vous énervez ? Posez votre bébé dans son berceau et faites un tour dans votre appartement pour vous détendre, ou bien passez un coup de fil à un proche pour en discuter.

- Essayez les nouvelles stratégies les unes après les autres : il sera plus aisé de déterminer ce qui marche ou non.

- Tenez un carnet de bord des moments d'agitation et des pleurs de votre enfant : cela vous permettra peut-être d'identifier des éléments déclencheurs, et ces notes vous seront utiles si vous consultez plus tard un médecin.

Chapitre 14

Comment nourrir votre bébé en cas de coliques

« Mon premier fils Jake n'ayant jamais souffert de coliques, j'ai été complètement désemparée quand ma fille Beth a commencé à en faire, une semaine après sa naissance. Pour commencer, nous avons essayé tous les "trucs" classiques ; nous avons fait les cent pas, et que sais-je encore. Deux choses ont vraiment été efficaces : lui mettre un doigt dans la bouche pour lui donner quelque chose à téter, et consulter une conseillère en allaitement.

Tout ce que j'avais lu sur les coliques semblait indiquer qu'elles pouvaient être dues à une mauvaise position au sein. Je pensais savoir mettre un bébé au sein, mais j'avais quand même un doute… La conseillère que j'ai vue quand Beth avait trois ou quatre semaines a constaté qu'effectivement la position n'était pas terrible, et elle l'a rectifiée. Le soir même, ma fille n'a plus eu de coliques. Puis nous avons vraiment fait des efforts pour rectifier sa position et, à six semaines, les coliques avaient totalement disparu. »

KEDI, maman de Jake et de Beth.

Il est tentant de penser que la cause des coliques réside dans l'alimentation d'un nouveau-né. Qu'il soit nourri au sein ou au biberon n'a pourtant pas une influence aussi déterminante qu'on pourrait le croire.

Il veut téter tout le temps

Qu'il ait ou non vraiment faim, un bébé souffrant de coliques désire revenir au sein ou reprendre le biberon aussi souvent que possible : pour lui, téter est l'activité la plus réconfortante qui soit. Cela favorise également la progression des gaz dans ses intestins – ce qui explique parfois les vents sonores qu'il produit en mangeant !

Vous vous préoccupez de l'appétit de votre bébé ? Intimement liée à votre statut de parent, cette inquiétude ne se dissipera pas de sitôt ! Sachez qu'un bébé réellement affamé devient calme et passif, et qu'il gémit au lieu de brailler à pleins poumons. Là n'est donc pas le problème.

Est-il constipé ?

Si vous allaitez, il est assez improbable que votre bébé souffre de constipation. Certains nouveau-nés, surtout les tout premiers jours, n'apprécient guère la sensation du transit intestinal, qui suscite parfois leurs pleurs. Et même si vous avez le sentiment qu'il « pousse », ne vous inquiétez pas si ses selles restent molles et jaunes ; peut-être donne-t-il l'impression de forcer parce que cette sensation est nouvelle pour lui.

En revanche, les bébés nourris au lait maternisé peuvent tout à fait être constipés. En cas de problème, parlez-en avec votre pédiatre, qui vous conseillera un changement de lait, car certains sont plus adaptés que d'autres.

Aidez-le à faire son rot

Si votre bébé semble avoir besoin de faire un rot :

- Installez-le sur vos genoux et placez une main sous son menton, en gardant son dos le plus droit possible.
- Votre bébé se penchera sans doute un peu en avant : vous pourrez alors lui tapoter le dos d'une façon assez énergique.

Vous pouvez procéder autrement :

- Placez une grande serviette-éponge sur votre épaule ; elle doit descendre le long de votre dos.
- Installez votre bébé sur votre épaule de manière à ce qu'il soit bien droit, son menton posé sur votre épaule et son ventre bien détendu le long de votre poitrine.
- Passez la main sur son dos et sur ses flancs en faisant un mouvement lent vers le haut, jusqu'à sa nuque, et cela plusieurs fois. Le mouvement doit être assez ferme – comme si vous caressiez énergiquement un chat à rebrousse-poils !

Conseils biberons

- Au dire des parents, certains types de biberons et de tétines contribueraient à résoudre le problème des coliques.
- Si votre bébé avale de l'air, essayez une tétine qui ralentit le passage du lait.
- Lors des repas, vous pouvez redresser davantage votre enfant, en marquant des pauses fréquentes afin de permettre à l'air avalé de s'évacuer.
- Manger moins mais plus souvent soulage certains bébés.

- Si vous suspectez une intolérance au lait de vache, parlez-en à votre pédiatre, qui vous prescrira peut-être un lait hypoallergénique.
- Attention : le « lait » de soja, c'est-à-dire du soja liquide, est peu efficace pour lutter contre les coliques ; par ailleurs, il est riche en phyto-œstrogènes, des substances végétales qui possèdent les mêmes propriétés que les œstrogènes – les hormones féminines – et qui sont à éviter dans le cas d'un nourrisson ; en effet, elles risquent de perturber son équilibre hormonal.
- Quoi qu'il en soit, évitez de changer de marque ou de type de lait sans avoir au préalable consulté votre pédiatre.

Conseils aux mères qui allaitent

Nombreuses sont les mères qui se demandent si leur bébé ne réagit pas à une composante de leur lait. C'est possible, mais cela reste difficile à déterminer, dans la mesure où il faudrait bannir certains aliments de votre table pendant deux semaines avant de les réintroduire un par un, pour voir si les symptômes réapparaissent. Voici les aliments et les nutriments qui peuvent déclencher une réaction chez un bébé.

Les protéines du lait de vache

En cas d'antécédents allergiques dans votre famille ou dans celle de votre compagnon – par exemple de l'eczéma, de l'asthme, la maladie cœliaque, ou intolérance au gluten, ou toute autre intolérance alimentaire –, cela vaut la peine d'explorer la piste de l'allergie, surtout s'il vous est arrivé de donner à votre bébé des biberons de complément : le lait maternisé peut avoir provoqué chez lui une sensibilisation.

On estime que 25 % des coliques seraient liées à la difficulté qu'a un bébé de digérer les protéines du lait de vache. Allez voir votre pédiatre ; la procédure habituelle consiste à exclure ces protéines de l'alimentation du bébé pendant deux semaines au moins, de voir s'il y a une amélioration, avant de réintroduire lesdites protéines et de surveiller les éventuels symptômes.

Il est difficile de bannir les produits laitiers de notre alimentation. Mais pour qui veut se passer totalement de lait de vache, d'autres sources de calcium sont nécessaires (voir en annexe le régime sans lait de vache pour les femmes qui allaitent).

La caféine

Présente dans le café, la caféine est également contenue dans le thé, dans certaines boissons gazeuses et dans le chocolat. Toutefois, chez la plupart des bébés, la caféine consommée en faibles quantités par la mère n'entraîne aucune gêne.

Les choux

Certains légumes appartenant à la famille des brassicacées ont été associés aux symptômes des coliques : il s'agit notamment du chou, du chou-fleur, du brocoli et de l'oignon.

Une aide : le zinc

D'après une étude pilote menée à très petite échelle, une supplémentation en zinc chez les mères qui allaitent réduirait les coliques de leur bébé ; mais aucune véritable conclusion ne peut être tirée de cette étude réalisée sur un nombre trop réduit de personnes. Toutefois, nous sommes nombreux à témoigner de carences en zinc ; une telle supplémentation ne présente aucune contre-indication et peut même vous faire du bien. Alors pourquoi ne pas essayer ?

QUELLE DIFFÉRENCE ?
Les coliques des bébés nourris au sein sont aussi fortes que celles des bébés prenant le biberon. La différence réside dans le déroulement des pleurs. Une étude comparative a révélé ceci : tandis que les pleurs des premiers atteignaient leur point culminant à l'âge de six semaines, ceux des seconds l'atteignaient plus tôt, vers l'âge de deux semaines. Les pleurs intenses ont touché 43 % des bébés prenant le biberon, contre 16 % seulement des bébés nourris au sein.

L'intolérance au lactose

Différente de l'allergie aux protéines du lait de vache, l'intolérance au lactose est rare et peut être grave chez un nouveau-né. Le lactose est le principal sucre contenu dans le lait de tous les mammifères, y compris dans le lait maternel ; le taux de lactose du lait maternel reste constant, indépendamment de la consommation de produits laitiers par la mère. En début de tétée, ce lait ne contient pas plus de lactose qu'en fin de tétée, mais il est moins riche en graisses (voir ci-après).

L'intolérance au lactose survient en cas de déficit de lactase, une enzyme qui permet de digérer le lactose en le transformant en glucose et en galactose. Presque tous les bébés produisent suffisamment de lactase. Le niveau de cette enzyme décline entre trois et cinq ans, à l'âge où un enfant quitte naturellement le sein de sa mère. L'intolérance au lactose est rare chez les bébés ; ceux qui en souffrent ne se développent pas bien, et cela dès la naissance.

Dans les sociétés où les adultes consomment du lait de vache – c'est-à-dire avant tout dans les cultures originaires du nord de l'Europe –, les individus produisent de la lactase tout au long de leur vie. Toutefois, 70 % de la population mondiale présente un niveau de lactase si bas que, à l'âge adulte, elle devient intolérante au lactose – dans des populations aussi diverses que les Asiatiques, les Africains, les Hispaniques et les aborigènes d'Australie.

L'excès de lactose

Si l'excès de lactose peut évoquer une intolérance au lactose, en revanche il est dû non pas à un déficit en lactase mais à la manière dont un enfant se nourrit au sein.

Du sucre et des graisses

Au début de la tétée, un bébé boit un lait assez dilué, pauvre en graisses. Peu à peu, le lait devient plus consistant et contient autant de lactose, donc de sucre, mais plus de graisses. Si le bébé se nourrit avant tout du lait sécrété au début, ce dernier passera si vite dans son organisme que tout le lactose ne pourra être digéré ; en arrivant dans l'intestin, le lait attirera plus d'eau et fermentera, produisant des gaz et des selles acides, et suscitant des maux de ventre. Comment savoir s'il s'agit d'un excès de lactose ? Votre bébé reste agité, même après manger, et ses selles sont liquides et vertes.

Pour bien comprendre ce qui se passe, imaginez que vous vous nourrissiez exclusivement de limonade : dans un premier temps, vous aurez le sentiment d'avoir le ventre plein puis, rapidement, vous aurez une sensation d'inconfort, vous aurez des gaz, avant d'être très vite gagnée de nouveau par la faim.

Un sein, deux seins

Pour que votre bébé boive assez de lait consistant, assurez-vous qu'il a une bonne position au sein ; n'hésitez pas à demander conseil à une animatrice en allaitement (voir en annexe les adresses utiles) : souvent, un petit ajustement peut faire la différence. Par ailleurs, laissez votre enfant décider s'il a suffisamment mangé plutôt que d'essayer de restreindre le temps passé au sein. Toutefois, s'il mange souvent et peu à la fois, il est possible qu'il boive plus de lait de début de tétée ; dans ce cas, pendant une période donnée, donnez-lui un seul sein et, à chaque fois qu'il voudra manger, remettez-le au même sein ; proposez-lui seulement l'autre sein s'il paraît avoir encore faim. En effet, des recherches ont montré qu'un allaitement prolongé à un seul sein donne moins de coliques que lorsqu'un bébé tète les deux seins à chaque repas.

En général, un bébé régule tout seul sa consommation de lipides, et votre lait s'adapte naturellement à ses besoins. Ne vous focalisez donc pas trop sur le fait de lui donner un ou deux seins. Le plus souvent, tout se passe très bien.

Trop de lait ?

Plus votre enfant tète, plus vous sécrétez de lait. Or, le bébé dont la maman a beaucoup de lait boit une grande quantité de lait dilué avant d'arriver au lait plus consistant. D'une manière paradoxale, les mères dont le bébé veut tout le temps manger se demandent si elles ont assez de lait, alors qu'en réalité elles en ont trop ! Quant à leur bébé, il est agité, se nourrit beaucoup, prend du poids et a des couches bien pleines.

De nouveau, pendant une période donnée, ne donnez qu'un seul sein afin de diminuer la production de lait. Attention à ne pas laisser les seins se remplir trop. Et pourquoi ne pas essayer, dans la mesure du possible, d'espacer quelque peu les tétées ? Si votre enfant a envie de téter, donnez-lui votre doigt ou proposez-lui une tétine (voir le chapitre 9).

CHAPITRE 15

UN BÉBÉ QUI SOUFFRE DE COLIQUES EST-IL UN BÉBÉ HYPERSENSIBLE ?

« Je conseillerais aux parents de se faire prêter – voire de voler s'il le faut ! – toutes sortes de transats et autres accessoires qui balancent. Avec nos deux bébés, nous avons constaté que c'était indispensable. Je ne sais pas s'ils ont vraiment souffert de coliques mais, ce que je sais, c'est qu'Elizabeth pleurait pendant plusieurs heures tous les après-midi ! Avec elle, j'ai constaté que sortir pour se promener ou retrouver d'autres enfants était très efficace. Cela m'a amenée à la conclusion suivante : certains bébés commencent à s'ennuyer très tôt, dès l'âge de deux ou trois semaines. Ma fille avait envie de changer de décor aussi souvent que possible. »

HAYLEY, maman d'Elizabeth et d'Edward.

Contrairement à ce qu'on a pu vous dire, si votre bébé a des coliques, ce n'est pas de votre faute ! Longtemps, les recherches se sont focalisées sur la mère – sur sa personnalité, sur son éventuel caractère dépressif... – mais sans rien révéler de significatif. En revanche, on a constaté que la mère d'un bébé pleurant d'une manière excessive risque de devenir dépressive ou de perdre toute confiance en elle, ce qui n'a vraiment rien de surprenant.

Vous en êtes même à vous demander si votre bébé ne fait pas exprès de pleurer, surtout si des proches, bien intentionnés mais mal informés, vous assènent des remarques telles que : « Tu es en train de le gâter ! » N'oubliez pas qu'à cet âge un nourrisson est bien incapable d'avoir un comportement manipulateur ; tout ce qu'il sait, c'est qu'il éprouve un besoin et que vous êtes la seule personne susceptible d'y répondre. À mesure qu'il grandira, il découvrira d'autres moyens de s'exprimer.

Et si c'était normal ?

Selon des études récentes, les pleurs excessifs et les coliques seraient de nature développementale, échappant donc à tout contrôle des parents ; ces pleurs feraient donc partie du développement normal d'un enfant. Ainsi, chez les prématurés, les coliques commencent plus tard, au moment où ces bébés auraient eu six semaines s'ils étaient nés à terme.

Cette hypothèse est à rapprocher de la théorie selon laquelle les coliques sont comparables à un décalage horaire : afin de s'adapter à un cycle jour/nuit, le bébé réorganise son fonctionnement interne. Selon une autre théorie, les pleurs s'expliquent par le choc de la naissance, qui se manifeste d'une façon différée. Selon d'autres chercheurs encore, c'est la quantité d'informations à traiter qui suscite l'agitation du nouveau-né : c'est pourquoi les coliques surviennent le plus souvent en fin de journée ; vers 18 heures, le cerveau arrive à saturation mais ne peut pas se déconnecter.

Si l'on considère que la plupart des formes de coliques sont de nature développementale ou neurologique plutôt que digestive, les pleurs sont donc une chose que les bébés font, et non pas un mal qu'ils subissent. Ce postulat est étayé par l'élément suivant : bien que la durée moyenne des pleurs varie d'une société à l'autre, un schéma développemental s'impose toutefois, augmentant au cours des premières semaines avant de culminer puis de décliner plusieurs semaines après.

Trop fatigué ?

Un nouveau-né ne possède pas la faculté de s'endormir facilement ; c'est une compétence qu'il devra acquérir (voir les chapitres 18 et 20). D'ailleurs, les adultes ont des problèmes comparables : après une journée bien remplie, même si nous sommes épuisés, nous trouvons parfois difficilement le sommeil. Alors que dire d'un bébé qui, pendant une journée normale, voit et entend tellement de choses nouvelles… Peut-être cela explique-t-il qu'il ait du mal à rester calme le soir. Nombreux sont les bébés qui, vers deux semaines, à six semaines et à trois mois, présentent des poussées dans leur développement ; à ces âges, ils se sentent très sollicités sur le plan cognitif.

Vous pensez que c'est le cas de votre enfant ? Alors, tôt dans la soirée, instaurez un rituel du coucher, éventuellement avec un bain apaisant, un câlin et le dernier repas avant le début de la période difficile. En fin d'après-midi, essayez également de limiter les événements stimulants.

Des débuts dans la vie difficiles ?

Selon certains travaux, les mères ayant, pendant leur grossesse, fait les trois-huit en usine augmentent leurs risques d'avoir un bébé souffrant de coliques. Réalisée à grande échelle, une étude finlandaise a établi un lien entre le stress pendant la grossesse ou des expériences négatives vécues lors de l'accouchement d'une part et les coliques d'autre part. Mais qu'est-ce que cela peut bien signifier ? Que le stress serait l'une des causes des coliques.

En préparant son livre consacré aux pleurs des bébés, Sheila Kitzinger a constaté que 60 % des femmes qu'elle avait interrogées et dont le bébé pleurait d'une manière excessive – plus de six heures sur vingt-quatre, selon sa définition –, avaient eu une grossesse stressante. Certains bébés dont la venue au monde fut difficile ont-ils du mal à s'adapter à l'existence ?

Les nouveau-nés de faible poids souffriraient plus de coliques que les autres : voilà ce qu'a montré une grande étude effectuée au Danemark sur plus de deux mille enfants. Tandis que la plupart des bébés nés avant terme ne pleurent pas plus que ceux nés à terme, l'étude tend à prouver que les bébés dont la naissance a été déclenchée – en raison de problèmes de pré-éclampsie ou d'hypertension artérielle – peuvent pleurer davantage, de même que ceux qui présentent des problèmes respiratoires.

Des troubles associés aux coliques ?

Selon certains chiropracteurs qui soignent des enfants souffrant de trouble du déficit d'attention avec ou sans hyperactivité (TDAH), un grand nombre de leurs jeunes patients ont eu des coliques. Les ergothérapeutes, quant à eux, ont constaté que les enfants ayant des troubles de la modulation sensorielle – entraînant des problèmes graves de perception – ont souvent des antécédents de coliques.

Toutefois, ces témoignages n'autorisent pas de conclusions sérieuses, car les parents dont l'enfant souffre de TDAH ou d'un autre trouble tendent à jeter un regard négatif sur ses débuts dans la vie. Pour que les conclusions soient probantes, il faudrait comparer un groupe d'enfants présentant des troubles à un groupe d'enfants « normaux » afin de déterminer si l'un des deux présente davantage de coliques. Des études seront peut-être réalisées prochainement dans ce sens.

ÊTRE GROGNON, C'EST DE NAISSANCE ?

Dans le cadre d'une expérience, des chercheurs se sont intéressés au comportement de nouveau-nés. Pouvait-on prévoir lesquels allaient souffrir de coliques ? : telle était leur question. Ils ont demandé à des puéricultrices d'évaluer les pleurs à la naissance. Mais ils n'ont pu établir aucun lien entre ces résultats et l'agitation ultérieure de ces bébés ; en revanche, ceux qui, à la naissance, avaient été jugés plus attentifs et plus actifs avaient davantage de chances, à l'âge de un mois, d'être qualifiés d'irritables par leurs parents.

D'autres travaux ont montré que, à trente-sept semaines de grossesse, la faiblesse des mouvements d'un fœtus permettait de prévoir si le bébé allait pleurer beaucoup à une, à six et à douze semaines. La conclusion a été la suivante : certains bébés semblent naître avec un tempérament qui les prédispose à pleurer.

Évacuer la pression

Le Dr Terry B. Brazelton a été l'un des premiers pédiatres à remarquer l'hypersensibilité de certains bébés paraissant incapables de gérer un trop grand nombre de stimulations ; il a constaté que ces enfants étaient nombreux à avoir connu une vie intra-utérine stressante. Ces bébés sensibles, hypersensibles, ne souffrent pas tous de coliques classiques ; certains pleurent bien au-delà de l'âge de trois mois, sans connaître le pic caractéristique vers six semaines.

Toutefois, le Dr Brazelton a eu le sentiment que ces pleurs avaient, d'une certaine manière, un caractère inéluctable : chez la plupart des bébés, il semblait s'agir d'une phase à traverser. Ce qui l'a incité à conclure que ces pleurs possédaient un sens, répondaient à une finalité : si un système nerveux immature peut, tout au long de la journée, assimiler des stimuli, cela risque de provoquer une sorte de « surchauffe » ; à mesure que la journée passe, le système nerveux, de plus en plus surchargé, voit ses périodes de sommeil et d'alimentation se raccourcir de plus en plus ; il finit alors par évacuer la pression sous la forme d'une période active de pleurs.

À mon sens, la meilleure approche à adopter avec un bébé hypersensible est de garder son calme et d'utiliser une seule stratégie apaisante à la fois. Ne le saturez surtout pas en faisant plusieurs choses à la fois. Vous le voyez : la stratégie à choisir dépend de la cause des coliques. Si votre enfant pleure parce qu'il est hypersensible, vous aurez beaucoup de mal à l'arrêter une fois qu'il aura commencé.

LES BÉBÉS QUI SOUFFRENT DE COLIQUES SONT PLUS DIFFICILES À APAISER

Une étude a montré que de l'eau sucrée calmait des nouveau-nés pendant quatre minutes au moins. Cet effet tend à s'estomper vers l'âge de six semaines. À noter : cette méthode est moins efficace chez des bébés souffrant de coliques, ce qui laisse supposer que certains enfants parviennent moins bien que d'autres à s'arrêter de pleurer.

Réalisée à petite échelle mais en double-aveugle, une autre étude a constaté que le saccharose était efficace pour lutter contre les coliques – à raison de 2 ml de saccharose à 12 % donnés au moment des pleurs.

Restons calme

Un bébé hypersensible a peut-être tout simplement besoin d'un environnement paisible ; il a peut-être tout simplement envie de rester dans les bras de sa maman pendant des heures et des heures, en un contact étroit, sans doute parce que cela lui évoque une période plus calme, antérieure à sa naissance. Si vous refusez d'assouvir ce besoin d'intimité, vous ne le ferez pas disparaître pour autant. Vous le savez maintenant : un nouveau-né qui constate que vous êtes là pour lui et que vous répondez à ses pleurs aura, dans les mois qui suivront, assez de confiance en lui pour faire preuve d'indépendance et de curiosité.

D'une manière générale, les bébés portés et bercés pleurent moins que les autres ; toutefois, ceux qui souffrent de coliques ne semblent pas soulagés quand ils sont pris dans les bras, loin de là – c'est ce qu'ont révélé plusieurs études. Rien ne vous empêche pourtant de le faire : si votre présence et vos câlins ne feront pas nécessairement cesser ses pleurs, vous montrerez au moins à votre bébé que vous êtes là. Mais si vous ne pouvez plus supporter de le voir pleurer, n'hésitez pas à vous faire aider. Un bébé qui souffre de coliques est un cauchemar : ne le vivez pas seule.

Chapitre 16

Les traitements des coliques : médicaments et médecines douces

« Mon bébé a souffert de coliques terribles, et j'ai passé des heures à marcher dans la maison, en le berçant dans mes bras. Pour rendre les choses plus supportables, je posais un verre de vin sur la table et, à chaque fois que je terminais mon circuit dans la maison, j'en buvais une gorgée ! »

Zoya, maman de Charlie.

S'il existe de nombreux traitements contre les coliques, la plupart d'entre eux n'ont jamais fait l'objet d'études scientifiques rigoureuses. Pour soulager votre bébé, sans doute voudrez-vous essayer tous les remèdes possibles et imaginables. Alors, que choisir, entre médicaments et médecines douces ?

Que penser des médicaments disponibles ?

Il existe une kyrielle de médicaments, mais la majeure partie d'entre eux n'ont pas démontré leur efficacité. Et comment savoir quels sont leurs effets secondaires ?

Les bébés ont des coliques pour différentes raisons. Or, la plupart des médicaments se fondent sur l'hypothèse que le problème est d'ordre digestif. Autrefois, on vendait un grand nombre de sédatifs, qui faisaient bien sûr cesser les pleurs – puisqu'ils endormaient les bébés –, sans pour autant soigner les coliques ; par ailleurs, leur utilisation à long terme n'était certainement pas dépourvue de risques.

Dans une étude systématique portant sur l'ensemble des traitements disponibles pour les coliques du nourrisson, une substance seulement a démontré son efficacité : il s'agit de la dicyclomine, aux effets secondaires pouvant être graves et qui est déconseillée aux bébés de moins de six mois.

La seule substance sans effets secondaires sérieux, le siméthicone, ou diméthicone, a été jugée inefficace : si elle prétend dissiper les poches de gaz dans les intestins et prévenir leur formation, rien ne prouve que les nourrissons témoignent d'une production de gaz accrue ; et même chez les enfants présentant des symptômes associés aux gaz, une autre étude n'a mis en évidence aucune amélioration statistique notable.

Quant aux enzymes de lactase, qui se présentent sous forme de gouttes à administrer, elles sont également sans effet.

La diversité des médecines douces

Appelées tour à tour « médecines parallèles », « médecines différentes », « médecines naturelles » ou « médecines alternatives »

– par opposition ou par complémentarité avec la médecine dite « classique », ou « officielle » –, les médecines douces regroupent une quarantaine de thérapeutiques, fondées sur les plantes, les substances prescrites à très faibles doses, la supplémentation alimentaire, les quatre éléments, la circulation de l'énergie, les réflexes, les massages, les manipulations sur les os et les muscles, la relaxation… Pour les Anglo-Saxons, les médecines douces désignent quatre méthodes seulement, qui comptent d'ailleurs parmi les plus couramment utilisées : l'ostéopathie et autres techniques manuelles, l'homéopathie, l'acupuncture/l'acupressure et la phytothérapie.

La différence essentielle entre les médecines douces et la médecine classique, c'est que les premières sont holistiques : cela signifie que la personne que vous irez consulter – et qui sera ou non médecin – ne se focalisera pas sur les seuls symptômes de votre bébé mais le traitera dans son indivisibilité, dans sa globalité. Par ailleurs, la plupart des thérapeutes considèrent leur spécialité comme complémentaire à la médecine classique ; leur pratique et celle que propose votre généraliste ne s'excluent donc pas.

Comment choisir

Peut-être aurez-vous du mal à choisir un thérapeute. Qu'ils soient ou non formés à plusieurs techniques, certains pourront vous conseiller celle qui semble la plus adaptée à votre enfant.

Pour trouver une bonne adresse, le bouche-à-oreille est très utile. Prenez également la peine de demander à votre généraliste s'il peut vous recommander quelqu'un. De nos jours, beaucoup de praticiens travaillent avec des spécialistes de médecines douces, surtout dans les grandes villes.

Lors de la première consultation, le thérapeute vous posera quantité de questions, puis il vous proposera un traitement établi en fonction non seulement du problème actuel mais également de tous les autres maux dont votre bébé a souffert. Il peut envisager d'encourager l'organisme de l'enfant à guérir tout seul.

L'ostéopathie crânienne

Formulée vers 1870 par le chirurgien américain Andrew Taylor Still, l'ostéopathie est très répandue aux États-Unis et en Angleterre ; quant à l'ostéopathie crânienne, elle a vu le jour dans les années 1930. En France, l'exercice de cette profession – qui a commencé à s'imposer dans les années 1970 – a été légalisé en 2001. L'ostéopathie est pratiquée avant tout par des kinésithérapeutes, ainsi que par des médecins.

En cas de naissance difficile

Les spécialistes de cette technique recherchent d'éventuelles perturbations dans l'ajustement des os du crâne et tentent d'y remédier par des massages très doux. Appliquée aux bébés, cette discipline repose sur l'idée que, au cours de l'accouchement, la tête du nouveau-né a été comprimée, ce qui a déformé les os de son crâne et a provoqué leur chevauchement : ce que dame Nature avait prévu. Normalement, cette déformation se dissipe dans les jours qui suivent, quand le bébé se met à pleurer – ce qui accroît la pression intracrânienne – et à sucer son pouce – ce qui induit également un mouvement des os du crâne.

En cas de naissance très lente ou difficile, ou lors de complications à l'accouchement – avec utilisation de forceps ou d'une ventouse –, la déformation du crâne est extrêmement prononcée et ne peut disparaître seule. Elle rend le nouveau-né irritable, allant peut-être jusqu'à provoquer des maux de tête ; il pleure davantage et préfère être dans les bras, ce qui diminue la pression exercée sur sa tête.

Un accouchement trop rapide peut également affecter le bébé, car son crâne n'a pas eu assez de temps pour s'adapter aux pressions : la compression a été trop brutale. Quant aux enfants nés par césarienne, leurs os temporaux n'ont pas été stimulés ; ils peuvent donc avoir besoin d'être traités.

Selon une autre hypothèse émise par les spécialistes de l'ostéopathie crânienne, les nerfs de la langue pourraient avoir être affectés, ce qui rendrait la succion moins efficace ; quand un bébé se fatigue avant d'avoir bu suffisamment de lait, il mange plus souvent et d'une manière désordonnée.

L'efficacité de la méthode

L'ostéopathie crânienne séduit un certain nombre de parents, et des témoignages indiquent que cette méthode soulage les coliques du nourrisson. Seule une étude scientifique s'y est intéressée : à Gloucester et à Cheltenham, au Royaume-Uni, vingt-huit bébés souffrant de coliques ont été répartis au hasard en deux groupes, les uns ne recevant aucun traitement, les autres bénéficiant d'une séance d'ostéopathie crânienne hebdomadaire pendant quatre semaines. Résultat : les seconds ont moins pleuré et mieux dormi que les premiers.

Selon la gravité du problème, deux à six séances sont nécessaires. Elles ne sont pas remboursées par la Sécurité sociale ; renseignez-vous auprès de votre mutuelle.

Les manipulations chiropractiques

Une étude a comparé les résultats obtenus en soignant des bébés souffrant de coliques : les uns avaient pris du siméthicone (voir plus haut), ou diméthicone, les autres avaient été traités par un chiropracteur, qui avait procédé à des manipulations au niveau de leur colonne vertébrale et de leur bassin. Résultat : les manipulations se sont révélées beaucoup plus efficaces que le traitement médicamenteux qui, toutefois, a également réduit les pleurs. Conclusion : bien que toutes les coliques ne soient pas d'origine musculaire ou osseuse, la chiropraxie atténue celles qui le sont.

Cependant, une autre étude comparative, portant uniquement sur des bébés ayant subi une manipulation chiropractique et sur d'autres n'ayant reçu aucun traitement, n'a mis en évidence aucune différence significative. Mais cette étude comportait plusieurs failles : les chiropracteurs avaient examiné et soigné les enfants sans rencontrer leurs parents, sans tenir compte de leurs antécédents et en deux séances seulement. Autant de conditions qui ne se seraient jamais produites dans la réalité. Quoi qu'il en soit, ces résultats montrent que de plus amples travaux sur le sujet s'imposent.

L'homéopathie

Née à la fin du XVIIIe siècle, mise au point en 1810 par le médecin allemand Samuel Hahnemann, l'homéopathie est largement pratiquée en France.

Le médecin homéopathe commence par prendre connaissance du passé médical du bébé ; il détermine ensuite son type constitutionnel, ses caractéristiques globales et ses réactions individuelles, avant de lui prescrire un traitement personnalisé. Le médicament homéopathique est constitué d'une dose fortement diluée d'une substance qui, à des doses plus élevées et chez une personne en bonne santé, produirait des symptômes semblables à ceux que ressent alors le patient. Le but est de stimuler les réactions de défense, donc les capacités de guérison de l'organisme.

En raison de la dilution extrême des substances administrées, l'homéopathie ne présente aucun effet secondaire.

En cas de coliques

- Chamomilla (origine végétale : la camomille allemande) : quand votre bébé est grognon ou irritable, et surtout s'il a besoin de mouvement pour trouver le sommeil.
- Pulsatilla (origine végétale : l'anémone pulsatille) : pour calmer votre bébé lorsqu'il semble avoir besoin de votre présence pour s'endormir et lorsqu'il pleure si vous vous éloignez.
- Colocynthis (origine végétale : la coloquinte) : quand une légère pression sur son ventre semble soulager votre enfant.
- Magnesia phosphorica (origine chimique : le phosphate de magnésium) : quand la chaleur est plus efficace que la pression.

L'acupuncture et l'acupressure

L'acupuncture est une composante essentielle de la médecine traditionnelle chinoise depuis deux millénaires au moins ; elle vise à rééquilibrer dans l'organisme les circuits énergétiques.

En premier lieu, le médecin acupuncteur établit un diagnostic de l'état général de la personne. S'il utilise, chez l'adulte, des aiguilles jetables en acier qu'il place sur la peau, à des points précis des tissus ou des organes, il travaille plutôt par pressions pour soigner un bébé.

L'acupressure désigne la stimulation de certains points d'acupuncture par la pression des doigts.

La phytothérapie

La phytothérapie, ou médecine par les plantes, se développe de plus en plus en Occident. Par ailleurs, sachez qu'en dehors des pays industrialisés, 80 % de la population mondiale se soigne par les plantes, recourant aux vertus curatives attestées de certains végétaux. D'ailleurs, bon nombre de laboratoires pharmaceutiques ne font qu'exploiter ces connaissances pour élaborer des médicaments plus efficaces. Certains herboristes préparent eux-mêmes des teintures, des infusions, des baumes et des onguents.

En cas de coliques

- La menthe : elle apaise les spasmes intestinaux.
- L'aneth : il soulage les gaz.
- Le fenouil : il facilite la digestion.

Plusieurs études sérieuses se sont intéressées à la médecine par les plantes. L'une d'entre elles a montré que, pour la colique du nourrisson, une infusion à base de camomille, de verveine, de réglisse, de fenouil et de menthe dans une solution de saccharose était plus efficace que le saccharose seul.

Troisième temps
« Et si on allait au lit ? »

CHAPITRE 17

LE SOMMEIL DES PARENTS, ÇA COMPTE...

« Pendant ses douze premières semaines, mon troisième enfant pleurait presque tout le temps. Je l'ai beaucoup porté dans un sac kangourou, je l'ai aussi beaucoup allaité, et je le prenais dans notre lit pour dormir – comme mes deux premiers enfants. Et puis, un beau jour, les pleurs ont cessé. Depuis, c'est un bébé très heureux. Et nous, nous dormons très bien maintenant ! »

ANGELA, maman d'Alice, de Mattie et de Billy.

Un adulte passe au moins un tiers de son existence à dormir. Quant au bébé, il peut consacrer les deux tiers de son temps à cette activité. Pourtant, il est rare que nous nous intéressions aux raisons pour lesquelles nous dormons, ainsi qu'aux mécanismes du sommeil – sauf, bien sûr, le jour où nous sommes privés de sommeil.

Pour des futurs parents, la privation de sommeil est sans conteste l'une des perspectives les plus effrayantes qui soient.

Alors autant affronter la réalité en face : il est absolument inévitable que votre bébé se réveille la nuit. Toutefois, vous constaterez que l'influence de l'interruption de votre nuit dépendra de plusieurs facteurs, notamment du moment où le réveil surviendra dans votre cycle de sommeil et de la manière dont vous répondrez aux besoins de votre enfant.

Dormir : cinq cycles et quatre phases

Pour tirer le meilleur profit de vos nuits, il vous faut comprendre pourquoi un être humain a tant besoin de dormir, comment se déroule votre sommeil et en quoi celui de votre bébé viendra l'affecter.

Un adulte a besoin de dormir huit heures par nuit en moyenne – même si personne ne dort huit heures d'une traite. Car le sommeil est formé de plusieurs cycles, de quatre-vingt-dix à cent minutes environ chacun. En huit heures, vous effectuez donc cinq cycles.

Chaque cycle débute par le sommeil lent, qui est composé de deux phases de sommeil léger, suivies de deux phases de sommeil profond. Ensuite, nous revenons brièvement au sommeil léger avant de passer à un type de sommeil différent, appelé sommeil paradoxal. Enfin, nous nous éveillons brièvement avant d'entamer un nouveau cycle.

Le sommeil lent et léger, phase 1

La phase 1 du sommeil lent est la phase d'endormissement : vos muscles se détendent peu à peu ; si vous êtes assis, votre tête tombe vers l'avant et votre bouche s'entrouvre. À ce stade initial, il est aisé de se réveiller. Si c'est le cas, une personne peut même ne pas avoir eu conscience qu'elle vient de

ÉMERGER PUIS SE RENDORMIR

À la fin de chaque cycle complet, un individu émerge de son sommeil, vérifie rapidement son environnement et, si tout va bien, se rendort aussitôt ; cela explique pourquoi nous dormons souvent mal dans un endroit peu familier. Dans ce cas, nous ne nous rendormons pas à la fin de chaque cycle, mais nous nous réveillons complètement, perturbés par un environnement étranger ; il nous faut alors du temps pour retrouver le sommeil.

s'assoupir. C'est la raison pour laquelle il est si dangereux de prendre le volant quand on est fatigué : le conducteur a tôt fait de glisser dans la phase 1 du sommeil lent et léger, provoquant un accident sans se rendre compte qu'il s'est endormi.

La phase 1 dure de quelques secondes à quelques minutes ; elle représente entre 3 et 5 % de l'ensemble du sommeil.

Le sommeil lent et léger, phase 2

Pendant cette phase 2, vous êtes plus détendu, et il devient plus difficile de vous réveiller ; vous paraissez profondément endormi ; vous ne rêvez pas encore.

Un adulte passe entre 45 et 50 % de sa nuit dans cette phase 2 du sommeil lent et léger.

Le sommeil lent et profond, phase 3

Le sommeil profond commence avec cette phase 3. Les ondes du cerveau sont lentes et de grande amplitude.

Le sommeil lent et profond, phase 4

La phase 4 constitue le sommeil le plus profond, avec des ondes encore plus lentes. Le dormeur est entièrement détendu et il est très difficile de le réveiller. Lors du premier cycle de la nuit, on reste sans doute une demi-heure au moins dans la phase 4.

Un adulte passe 25 % environ de sa nuit en sommeil lent et profond (phases 3 et 4).

Le sommeil paradoxal

Au bout d'une heure environ, quand le dormeur est passé par le sommeil léger puis par le sommeil profond avant de revenir très vite au sommeil léger, les ondes de son cerveau commencent à témoigner d'une activité intense, comme s'il était réveillé : en réalité, il est en plein sommeil paradoxal – ce sommeil est appelé « paradoxal » car vous présentez la même activité que pendant l'éveil.

Pendant le sommeil paradoxal, vos yeux bougent rapidement, votre respiration est irrégulière et vous consommez de l'énergie. Votre corps, lui, est totalement immobile, et cela pour une bonne raison : vous rêvez. Si vous étiez en mesure de bouger, sans doute feriez-vous les gestes qui vont avec votre rêve !

Quand le cerveau « décroche »

L'existence de cycles de quatre-vingt-dix minutes n'est pas spécifique à nos nuits. Pendant la journée, nous avons également des cycles d'activité et de repos, passant d'un état vif et efficace à un état déconcentré ; ces cycles durent eux aussi quatre-vingt-dix minutes environ. Ne pas arriver à se concentrer pendant de longues périodes est parfaitement naturel. Par moments, nous perdons le fil de ce qui se dit, nous cessons d'écouter, et notre esprit vagabonde. Il se pourrait fort bien que ces périodes où le cerveau « décroche » soient réparatrices, à l'image du sommeil paradoxal.

DORMIR, À QUOI ÇA SERT ?
Selon de nombreux chercheurs, le sommeil paradoxal permet au cerveau, à l'instar d'un système de classement et d'archivage nocturne, de traiter les informations de la journée. Quant au sommeil lent, il sert à l'organisme à se reposer et à se reconstituer physiquement ; pendant ce sommeil lent, la production des hormones pituitaires, qui sont responsables de la croissance et de la réparation cellulaire, culmine.

Si l'on vous réveillait à ce moment, vous sauriez certainement que vous étiez en train de rêver et vous pourriez vous souvenir de votre rêve. Il est plus facile de vous réveiller maintenant qu'en plein sommeil profond. Chaque adulte passe jusqu'à deux heures par nuit en sommeil paradoxal.

Des travaux indiquent que la majeure partie du repos nocturne s'effectue pendant le sommeil paradoxal, qui permet au cerveau de traiter et d'archiver tout ce qu'une personne a appris et vécu pendant la journée. À long terme, la privation de sommeil paradoxal entraîne la dépression et la désorganisation de l'organisme.

Histoires de repos

Si quelqu'un est réveillé pendant son sommeil lent, il sera fatigué le lendemain, mais il restera capable de faire face à sa journée ; en revanche, si son sommeil paradoxal est perturbé, la journée du lendemain lui semblera autrement plus difficile. Chez une personne privée de sommeil pendant plusieurs nuits, la part de sommeil paradoxal augmente d'une manière spectaculaire les nuits suivantes.

DORMIR POUR APPRENDRE ET MÉMORISER

Dans le cadre d'une expérience, des personnes se sont vu enseigner le morse juste avant d'aller se coucher. Les chercheurs ont constaté que leurs épisodes de sommeil paradoxal étaient plus longs et plus fréquents que d'ordinaire.

Une autre expérience, réalisée sur des étudiants anglophones apprenant le français, a révélé que ceux qui progressaient le plus étaient ceux dont la durée de sommeil paradoxal avait augmenté de la manière la plus forte. Toutefois, pour permettre aux nouvelles connaissances d'être mémorisées, le sommeil paradoxal doit intervenir assez rapidement après l'apprentissage.

Toutefois, la durée du sommeil paradoxal n'est pas identique pendant tous les cycles : en cours de nuit, il devient plus long, tandis que le sommeil lent et profond des phases 3 et 4 raccourcit, de sorte que, lors d'une nuit normale, le sommeil lent et profond, qui repose physiquement, se déroule en début de nuit, et le sommeil paradoxal au petit matin. Ainsi, une personne qui a assez dormi et qui se réveille toute seule le matin sort de la fin de sa dernière phase de sommeil paradoxal ; elle devrait donc se sentir reposée tant sur un plan physique que psychique.

Des nuits entrecoupées

Quand le sommeil est interrompu en milieu de cycle, le métabolisme s'accélère, de sorte qu'une personne consomme plus d'énergie, même si la durée de sommeil reste à peu près la même. Ainsi, si vous vous levez plusieurs fois dans la nuit pour vous occuper de votre bébé, vous serez plus fatiguée physiquement, même si vous avez dormi huit heures au total. S'octroyer une petite sieste dans la journée est excellent ; même si vous ne dormez pas, au moins vous vous reposez physiquement.

Devenir parent implique l'apprentissage d'une foule de choses nouvelles. Alors mieux vaut éviter que les jeunes mères et les jeunes pères manquent de sommeil paradoxal, car il est vital pour la consolidation des apprentissages et de la mémorisation ! Par ailleurs, un chercheur a avancé l'idée que le sommeil paradoxal influait sur notre confiance en soi, sur notre aptitude à rester optimiste et à nous adapter émotionnellement à notre environnement physique et social : autant d'éléments essentiels pour des jeunes parents qui, souvent, sans l'aide d'une famille élargie, doivent se débrouiller tout seuls.

Se lever en pleine nuit pour s'occuper d'un nourrisson est fatigant, et cela vous affectera physiquement et psychologiquement. Mais l'être humain n'aurait pas survécu au cours de son évolution si la privation de sommeil avait, lors de la préhistoire, empêché les mères d'échapper aux tigres à dents de sabre ou les pères de se concentrer sur la chasse pour rapporter le dîner ! La Nature nous permet à la fois de nous occuper de nos enfants et de vaquer à nos occupations quotidiennes. Nous allons voir comment.

AU PETIT MATIN

Il est intéressant de constater que la sécrétion de testostérone, cette hormone que l'organisme masculin utilise pendant la journée, s'effectue lors du sommeil, pour culminer au petit matin. Ainsi, les pères qui sont réveillés à l'aube pour s'occuper de leur bébé constateront une baisse de leur libido. Reste à savoir si les mères jugeront que c'est une bonne ou une mauvaise nouvelle !

CHAPITRE 18

MAIS LE SOMMEIL D'UN BÉBÉ, C'EST PAS PAREIL

« Pendant ses premiers mois, Luke mangeait et dormait plus ou moins quand ça lui chantait. À six mois, ses repas de lait et d'aliments solides se déroulaient à peu près à des moments réguliers de la journée, mais il continuait à dormir quand il en avait envie ou quand notre emploi du temps le lui permettait. La durée de ses siestes variait en fonction de nos activités et de sa fatigue, mais, vers quatre mois, il dormait environ dix heures par nuit et, peu de temps après, il faisait des nuits de douze heures – sauf quand il faisait ses dents !

Comme Luke est assez facile à vivre, je pense que, si je l'avais voulu, il se serait adapté à des habitudes plus strictes, mais j'ai pensé qu'il était important de faire preuve de souplesse. De plus, comme nos activités se déroulent chaque jour à des heures différentes, je n'aurais jamais pu mettre en place une organisation très serrée. »

JULIE, maman de Luke.

Un nouveau-né dort seize heures par jour en moyenne. Mais alors, pourquoi ses parents sont-ils à ce point débordés ? Parce que ce n'est pas la quantité de sommeil qui pose problème mais les cycles de sommeil, qui sont fondamentalement différents des nôtres.

Avant de naître

Pendant sa vie intra-utérine, le fœtus passe entre 60 et 80 % de son temps en sommeil paradoxal. Pourquoi ? Nul ne le sait véritablement encore. Selon une hypothèse, le sommeil paradoxal lui fournirait des images contribuant au bon développement de son cerveau, et cela malgré l'absence de stimulation visuelle.

À l'opposé des adultes, les fœtus et les nouveau-nés n'ont pas un sommeil lent divisé en quatre phases puis un sommeil paradoxal ; chez eux, on distingue seulement deux types de sommeil :

- un sommeil dit « agité », qui correspond au sommeil paradoxal ;
- un sommeil calme, qui évoluera en sommeil paradoxal.

Pendant les premières semaines

Un nouveau-né vit une telle profusion d'expériences nouvelles qu'il lui faut beaucoup de sommeil paradoxal afin de les assimiler. Mais il a également besoin de sommeil lent pour conserver son énergie, indispensable à sa croissance. On a calculé que si un enfant continuait de grandir jusqu'à l'adolescence comme il l'a fait lors de ses premiers mois, il mesurerait cinquante mètres en quittant le domicile de ses parents !

Comprendre la physiologie d'un bébé

Après sa naissance, un bébé dort énormément. Difficile de déterminer avec précision quels sont ses besoins en sommeil... Autrefois, différentes hypothèses avaient été avancées, variant au gré des modes en matière de puériculture, sans que cela repose sur une réelle compréhension de la physiologie du nouveau-né ; au XIXe siècle, par exemple, où l'on pensait qu'il était bon qu'un bébé passe la majeure partie de son existence à dormir dans un landau, au fond du jardin, il n'était pas rare de lire dans les ouvrages que ses besoins pouvaient atteindre vingt-quatre heures de sommeil par jour : oui, vous avez bien lu !

Comme le souligne James McKenna, anthropologue et spécialiste du sommeil, une grande partie de nos connaissances physiologiques proviennent de l'observation de bébés non allaités et dormant seuls – deux conditions qui ne sont pas normales tant sur un plan biologique que social (voir le chapitre 23).

Un rythme différent

Aujourd'hui, on pense que les nouveau-nés ont besoin de douze à seize heures de sommeil environ, une information qui réjouira les parents... Mais leur sommeil est divisé en cycles de soixante minutes ; ces cycles étant composés à moitié de sommeil paradoxal et à moitié de sommeil lent et léger, un bébé se réveille souvent, parfois toutes les heures. Le cycle naturel d'un adulte étant de quatre-vingt-dix minutes, vous voyez donc qu'un nouveau-né fait ses débuts dans la vie avec un rythme entièrement différent du vôtre.

Si certains bébés parviennent à rester endormis pendant leur sommeil léger et à la fin d'un cycle de soixante minutes, la plupart émergent de leur sommeil pour y replonger ensuite, selon leur aptitude à s'apaiser tout seuls.

Il est intéressant de noter que, chez les bébés nés avant terme, la durée du sommeil paradoxal est réduite ; une fois qu'ils ont atteint la date du terme, cette durée augmente rapidement. On suppose que les prématurés ont besoin de plus de sommeil lent pour grandir.

À six semaines

Pendant les six premières semaines, le rythme circadien d'un nouveau-né, qui régit son rythme cardiaque, sa température corporelle et son niveau d'activité, poursuit sa maturation, de sorte qu'à cet âge il commence à être vraiment éveillé ou endormi plutôt que de passer d'un état à un autre.

Entre un et trois mois, ce rythme va se mettre en place : votre bébé dormira moins souvent mais durant de plus longues périodes. Afin d'avoir un aperçu de l'évolution du sommeil, certains parents notent l'heure des différentes siestes. L'endroit où dort votre enfant, seul ou avec vous, affecte également son rythme d'éveil (voir le chapitre 23).

L'ACCOUCHEMENT INFLUE SUR LE SOMMEIL D'UN BÉBÉ

Une étude a permis de constater une différence entre les rythmes diurnes des nouveau-nés, selon qu'ils étaient nés par les voies naturelles ou par césarienne. Quel que soit le type d'intervention pratiqué – une césarienne d'urgence ou une césarienne programmée –, les bébés semblaient être privés de rythme de sommeil diurne : cela semble suggérer que c'est l'intervention chirurgicale qui a interféré sur leur rythme naturel.

DANS LE VENTRE DE SA MÈRE, UN BÉBÉ RECONNAÎT LE JOUR ET LA NUIT

Contrairement à une idée reçue, les bébés possèdent des rythmes jour/nuit. Avant leur naissance, les hormones maternelles leur indiquent si c'est le jour ou la nuit. Après l'accouchement, privés de ces hormones, ils perdent quelque peu ce rythme pendant plusieurs semaines, le temps de mettre en place leur propre rythme circadien ; ils dorment un peu plus la nuit que le jour.

Même les nouveau-nés âgés de quelques semaines seulement dorment avant tout entre minuit et 4 heures du matin ; ils pleurent le plus entre 16 h et 20 h, avec un pic supplémentaire entre 8 h et 12 h. En général, cette seconde période difficile disparaît à la quatrième semaine. On note également une baisse progressive de la durée moyenne des repas et des pleurs vers la huitième semaine, qui va de pair avec un accroissement de la durée des épisodes de veille calmes.

À quatre mois

Bien qu'un nourrisson âgé de plus de quatre mois ait sans doute besoin d'autant de sommeil qu'à sa naissance, les épisodes de sommeil commencent à se regrouper ; il dort alors plusieurs heures d'affilée pendant la nuit, pour témoigner de plus longues périodes d'éveil pendant la journée.

Vers trois ou quatre mois, votre enfant est éveillé en fin d'après-midi et en début de soirée ; il dort deux fois plus la nuit que pendant la journée ; ses périodes d'éveil sont plus longues. Au total, il est éveillé huit heures par jour environ.

Son rythme de sommeil commence à ressembler à celui d'un adulte : les phases 3 et 4 du sommeil lent et profond sont mieux définies (voir le chapitre 17), mais le rythme dans son ensemble reste encore plus court que le vôtre, avec davantage d'épisodes de sommeil paradoxal. À cet âge, la majeure partie du sommeil paradoxal a lieu la nuit, la journée étant plutôt réservée au sommeil lent. Bien sûr, tous les bébés n'adoptent pas ce rythme.

À six mois

Vers l'âge de six mois, la durée du sommeil paradoxal d'un bébé diminue : elle passe de 50 à 25 % environ, atteignant ainsi une proportion comparable à celle d'un adulte. Les cycles s'allongent eux aussi, passant de soixante à quatre-vingt-dix minutes environ, comme chez l'adulte.

Désormais, le sommeil de votre bébé ressemble au vôtre.

Quand va-t-il faire ses nuits ?

À toutes fins utiles, soulignons tout d'abord que la définition « officielle » d'un bébé qui fait ses nuits, établie par les chercheurs travaillant sur le sommeil, est un enfant qui dort de minuit à 5 h du matin, et non pendant douze ou quatorze heures d'affilée. Si les scientifiques ont constaté que 85 % des bébés étaient en mesure de faire leurs nuits à six mois, cela signifie qu'ils dorment cinq heures durant, et pas plus !

Espérons qu'à l'âge de six mois – ou de quatre mois si vous avez de la chance – votre enfant dormira un certain nombre d'heures la nuit, avec plusieurs siestes au cours de la journée. À un an, il aura besoin de deux siestes, plus une longue nuit de sommeil. À deux ans, il ne fera sans doute plus qu'une seule sieste, assez longue – entre une et trois heures. Mais, même à cet âge, nombreux sont encore les enfants qui se réveillent de temps à autre la nuit – jusqu'à l'âge de trois ans, un tiers des enfants ont des réveils nocturnes, ainsi que des difficultés pour s'endormir.

La nuit, personne ne dort d'une traite : tandis qu'un adulte émerge de son sommeil toutes les quatre-vingt-dix minutes environ, pendant ses premiers mois un bébé se réveille toutes les soixante minutes environ ; dans la plupart des cas, un adulte arrive à se rendormir aussitôt après avoir achevé un cycle de sommeil. La grande question n'est donc pas : « Quand va-t-il faire ses nuits ? » mais plutôt : « Quand cessera-t-il d'avoir besoin de moi pour se rendormir ? » Si certains bébés parviennent très tôt à s'apaiser tout seuls, la majorité d'entre eux ont encore besoin d'aide pendant un bon bout de temps.

Un autre facteur intervient dans la durée des nuits d'un nourrisson : mangeant jour et nuit, il se réveille donc jusqu'à ce qu'il n'ait plus besoin de le faire ; il n'est pas toujours facile de déterminer l'advenue de ce moment, car les réveils nocturnes sont moins liés à la sensation de faim qu'au besoin de réconfort et de présence des parents pour se rendormir.

Chapitre 19

Pouvez-vous lui apprendre à faire ses nuits ?

« La nuit, notre premier enfant se réveillait toutes les deux heures. À dix-huit mois, c'était toujours le cas. Il s'est révélé que nous renforcions ses réveils nocturnes : pauvres parents inexpérimentés que nous étions, souffrant par ailleurs d'un manque accru de sommeil, nous n'en avions pas conscience, jusqu'au moment où nous sommes allés consulter. Pendant deux semaines, nous avons rempli un journal de bord du sommeil, et le pédiatre nous a expliqué en quoi notre comportement renforçait celui de notre bébé.

Au bout de trois jours et sans que nous ayons dû le laisser pleurer, Alasdair faisait ses nuits, alors qu'il n'avait jamais dormi plus de deux heures d'affilée. Nous nous sommes contentés de modifier notre attitude. Il aurait été cruel de le laisser pleurer, même à dix-huit mois, parce qu'il ne savait pas se rendormir tout seul. Nous lui avons simplement appris à s'endormir avec un réflexe conditionné ! »

CAROLINE, maman d'Alasdair, de Chris et de Josie
(et auteur de ce livre).

L'idée d'apprendre à son bébé à faire ses nuits paraît sans doute très séduisante à de nombreux parents. Peut-être connaissez-vous déjà la méthode des « pleurs contrôlés », qui consiste à laisser pleurer un nourrisson pour l'inciter à dormir plus longtemps. Cette méthode est-elle réellement efficace ? Avant de répondre à cette question, voyons un peu comment elle est apparue.

Le behaviorisme : une théorie de l'apprentissage

L'une des premières formes d'apprentissage à laquelle les psychologues se sont intéressés est ce qu'on appelle le « conditionnement classique ».

Pavlov et les chiens

Sans doute avez-vous entendu parler du chien de Pavlov : médecin et physiologiste russe, Ivan Pavlov effectuait dans les années 1920 des recherches sur la digestion, donc sur la salive du chien – il fallait bien que quelqu'un se dévoue pour le faire ! Il remarqua que les chiens du laboratoire se mettaient à saliver en voyant le seau qui contenait habituellement leur nourriture, et ce avant même l'arrivée de leur repas. Sachant que, d'ordinaire, ces animaux ne salivent que lorsqu'ils voient, sentent ou mangent des aliments, Pavlov comprit que les chiens avaient associé le récipient à la nourriture. Il décida alors de mener des recherches pour voir s'il pouvait leur apprendre à associer d'autres objets à la nourriture. Il se mit à faire sonner une cloche avant de leur donner à manger : au bout de quelques repas, les chiens se mirent à saliver au son de la cloche.

Voilà un exemple de conditionnement classique. La nourriture est un « stimulus inconditionnel » – qui fonctionne à chaque fois –, la salivation étant un « réflexe inconditionnel » – même chose. La cloche est un « stimulus conditionnel », et la salivation au son d'une cloche est un « réflexe conditionnel », ou « conditionné » – ce qui signifie que la réponse a été apprise.

Chaque repas donné au chien après la sonnerie de la cloche constitue un « renforcement ». Si la cloche sonne sans distribution de nourriture, il n'y a pas de renforcement et, au fil du temps, le réflexe conditionné va s'estomper : ce processus est appelé l'« extinction ».

Watson et le petit Albert

Les travaux de Pavlov ont entraîné l'émergence d'une nouvelle branche de la psychologie, le behaviorisme – de l'anglais *behaviour*, qui signifie « comportement ». Cette théorie repose sur le principe que, chez l'être humain, tout apprentissage est affaire de conditionnement. Dans les années 1920, l'Américain John Watson, le fondateur du behaviorisme, écrivit plusieurs ouvrages sur l'éducation des enfants ; il réalisa quelques expériences assez effrayantes, notamment sur un petit garçon prénommé Albert.

Quand Albert avait onze mois, Watson associa un fort bruit de marteau à l'apparition d'un rat blanc : il constata qu'Albert développait une peur des rats blancs. Au fil du temps, cette peur s'était généralisée, pour s'étendre à tous les objets ressemblant de près ou de loin à un rat blanc, tels que les lapins, les chiens et même les morceaux de coton.

Aujourd'hui, le behaviorisme est passé de mode, et ses principes ne sont plus guère appliqués que pour guérir les dépendances et les phobies – et pour faire dormir les enfants !

Quatre techniques pour supprimer les réveils nocturnes

La théorie sur laquelle repose ce type d'apprentissage du sommeil est la suivante : un bébé qu'on nourrit pendant la nuit associe son réveil à l'attention parentale, de sorte que, même quand il n'a plus besoin de manger la nuit, il se réveille puisque ses réveils ont fait l'objet d'un renforcement. On part du principe que, si un bébé n'ayant plus besoin de manger la nuit continue de se réveiller, c'est que son réveil a été associé à une réponse agréable – en général une forme de contact social, bien que l'exemple d'Albert, avec sa peur du coton, montre que les associations ne sont pas toujours logiques.

Appliqué à l'apprentissage du sommeil, le behaviorisme détermine à quel événement est associé le réveil, puis il vise soit à supprimer les conséquences du réveil qui ont un effet de renforcement, soit à créer de nouvelles associations afin que la présence des parents ne soit plus nécessaire.

Plusieurs techniques permettent de supprimer les réveils nocturnes :

- l'extinction ;
- la gradation ;
- le renforcement ;
- la suggestion.

L'extinction : laissez-le pleurer

Voici la forme la plus connue pour modifier un comportement : c'est la méthode des pleurs contrôlés. Le principe est de ne pas répondre quand votre enfant pleure la nuit, l'idée étant de supprimer l'effet gratifiant de votre attention.

Certains thérapeutes vous autorisent à aller voir si tout va bien. Cependant, toute interaction avec votre enfant est à proscrire, car elle renforcerait de nouveau son comportement. À terme, affirment les partisans de cette théorie, votre enfant cessera de pleurer parce qu'il y aura une extinction de l'association.

- L'avantage de cette technique : le problème est réglé rapidement.
- L'inconvénient de cette technique : elle est pénible, tant pour les parents que pour l'enfant, car elle implique plusieurs nuits de pleurs, des heures durant. Les parents doivent savoir que s'ils cèdent et prennent l'enfant dans leurs bras, ils renforceront de nouveau son comportement et devront tout recommencer à zéro.
- Ce que j'en pense : cette méthode ne convient qu'à un enfant d'un certain âge, à qui on peut expliquer ce qu'on fait, et uniquement si on a la certitude que l'enfant arrivera à se rendormir tout seul.

La gradation : apprenez-lui peu à peu

Cette méthode consiste à modifier le comportement de votre bébé en supprimant peu à peu le stimulus associé audit comportement. Voici deux exemples :

1. Votre bébé se réveille en pleine nuit et, pour se rendormir, a besoin d'être tenu dans les bras, dorloté, bercé ou nourri : asseyez-vous près de lui, éventuellement en le caressant, puis asseyez-vous près de lui sans le toucher, puis restez près de la porte, puis restez à l'extérieur de la pièce, etc.
2. Votre bébé refuse d'aller se coucher à une heure raisonnable : instituez un rituel du coucher à une heure plus tardive, quand votre enfant est davantage disposé à se calmer, puis avancez peu à peu l'heure du coucher.

- L'avantage de cette technique : vous ne laissez pas votre bébé pleurer tout seul.

- L'inconvénient de cette technique : elle peut prendre du temps.

- Ce que j'en pense : cette méthode convient bien aux parents d'un enfant d'un certain âge qui a des problèmes de sommeil, à deux conditions : s'ils parviennent à identifier l'origine du problème et s'ils souhaitent rectifier les choses sans perturber l'enfant.

Le renforcement : promettez-lui une récompense

Cette technique de modification du comportement est de nature plus positive : pour en revenir aux chiens de Pavlov, cela équivaudrait à leur donner un biscuit pour les récompenser d'un bon comportement ; de même, appliquée aux enfants, cette méthode renforce un bon comportement par une récompense.

- L'avantage de cette technique : elle fonctionne très bien avec des enfants d'un certain âge. Car vous expliquez tout ce que vous faites, et l'enfant doit parfaitement comprendre ce qui lui est dit. Proposez-lui une récompense s'il passe la nuit entière dans son lit ou s'il ne vous réveille pas.

- L'inconvénient de cette technique : elle est difficilement applicable aux bébés.

- Ce que j'en pense : je conseille cette méthode pour des enfants d'un certain âge, qui connaissent déjà le principe des tableaux à étoiles : pour chaque bon comportement, on dessine une étoile sur un semainier, avant d'obtenir une récompense pour un certain nombre d'étoiles.

UNE ORIGINE AUX PROBLÈMES DE SOMMEIL

Les bébés qui ont connu des difficultés pendant leur vie intra-utérine, lors de l'accouchement ou à la naissance risquent, plus que les autres, de présenter ultérieurement des problèmes de sommeil. Les enfants ayant subi une asphyxie légère à la naissance ne font souvent pas leurs nuits à trois mois, et ceux dont la mère a été hospitalisée pendant sa grossesse ou a eu un accouchement assisté – par forceps ou par ventouse – ont plus de troubles du sommeil à l'âge de cinq ans.

La suggestion : instaurez des rituels

Voici une autre forme positive de modification du comportement, qui implique le renforcement ou la transformation des signaux associés au coucher. Quand des difficultés de sommeil surviennent, les parents donnent un signal qui aide leur enfant à se rendormir : un mot-clé, la mention d'un endroit particulier, etc. En instaurant un rituel du coucher (voir le chapitre 20), on recourt également à cette technique.

- L'avantage de cette technique : c'est l'une des plus efficaces avec les nourrissons ; s'appuyant sur les cycles naturels de sommeil, elle se déroule sans pleurs.
- L'inconvénient de cette technique : aucun.
- Ce que j'en pense : que du bien.

Ces techniques sont-elles vraiment efficaces ?

Si le behaviorisme a aujourd'hui peu d'adeptes – excepté pour les problèmes de sommeil –, c'est que nous savons qu'un être humain est autrement plus complexe qu'un chien ; mais les behavioristes des années 1920 pensaient qu'un individu naissait totalement vierge, sans aucune vie émotionnelle, et que l'ensemble de son devenir, tout au long de son existence, était uniquement le fruit de conditionnements.

Un bébé ne se réduit pas à une somme d'apprentissages

Désormais, il est démontré qu'un nouveau-né possède quantité de compétences non acquises et, qu'à l'instar d'un adulte, il présente une intelligence et des besoins émotionnels qu'une simple théorie de l'apprentissage ne peut suffire à expliquer.

L'idée fondamentale sur laquelle est fondée la théorie de l'apprentissage du sommeil est qu'un bébé est parfaitement capable de dormir tout seul et que ses difficultés sont entretenues voire provoquées par ses parents. Elle part également du principe que les pleurs sont un comportement négatif qui demande à être éradiqué, rien de plus.

Mais rappelons-nous ceci : pour un nourrisson, les pleurs sont le seul et unique moyen de communication. Si nous nous mettons à sa place, en envisageant le monde de son point de vue, en regardant les actes des adultes tels qu'il les perçoit, alors ne pas répondre à ses pleurs revient à ignorer ce qu'il tente d'exprimer. De l'avis de certains, laisser pleurer un bébé :
- lui ôte son envie de communiquer ;
- lui fait perdre sa confiance en soi ;
- nuirait à son estime de soi émergente.

On a également avancé l'idée qu'un nouveau-né n'est tout simplement pas prêt à faire ses nuits – du moins pas seul.

Si la plupart des partisans de la méthode de l'extinction affirment qu'elle fonctionne bien – le bébé finit en effet par s'arrêter de pleurer la nuit –, nul ne sait quels seront ses effets à long terme.

Que concluent les chercheurs ?

Des recherches ont été menées afin d'évaluer l'efficacité de l'approche behavioriste du sommeil : dans leur ensemble, les résultats n'ont guère été convaincants.

Des études ont comparé un groupe de contrôle – n'ayant connu aucun apprentissage – à un groupe d'intervention – ayant bénéficié d'une technique d'apprentissage comportemental. Elles n'ont révélé aucune différence significative entre ces deux groupes. D'autres études, réalisées sans groupe de contrôle, font état d'un taux de réussite de 50 % environ. Mais il n'y a rien d'étonnant à ce que la moitié des enfants, dans n'importe quel groupe, fassent des progrès sans aucune intervention !

L'étude systématique la plus récente – dans laquelle des scientifiques analysent toutes les recherches réalisées dans un domaine – a remarqué que les techniques de l'extinction et du rituel du coucher étaient efficaces, comparées par exemple à l'administration de médicaments, tout en constatant que la méthodologie utilisée dans la plupart des études manquait dans l'ensemble de rigueur. De plus, beaucoup de parents n'apprécient pas les interventions, et cela se ressent dans la manière dont ils appliquent les techniques. La conclusion de cette étude systématique relève du simple bon sens : le choix de la technique doit être fait en fonction des préférences et du contexte familial.

Enfin, les études dans lesquelles l'approche behavioriste semble efficace sont celles qui font intervenir un thérapeute apportant une aide personnalisée aux parents. De nouveau, cela semble frappé au coin du bon sens : quand un individu est confronté à un problème et quand il est impliqué sur le plan émotionnel, il lui est souvent difficile d'évaluer la meilleure méthode pour le résoudre.

Parlez-en

Même si vous pensez que votre bébé se réveille la nuit du fait d'un réflexe conditionné qui est renforcé par votre comportement, il n'est pas aisé de rectifier le cap tout seul. Si les techniques behavioristes donnent l'impression d'être efficientes, cela n'a pas été démontré ; et plusieurs recherches indiquent que l'efficacité de certaines d'entre elles dépend de l'âge de l'enfant, ce qui est à prendre en compte lors du choix de la stratégie à adopter.

Par ailleurs, il faut certaines compétences pour identifier les causes des problèmes de sommeil, ainsi que la solution appropriée. Il vous faudra du soutien pour mener votre démarche jusqu'au bout : demandez conseil à votre pédiatre ou allez dans un lieu qui accueille les parents et les enfants, et parlez de ce qui vous préoccupe (voir en annexe les adresses utiles).

CHAPITRE 20

COMMENT L'AIDER À S'ENDORMIR

« Deux objets nous ont vraiment aidés. Le premier est une peau de mouton, sur laquelle Samuel dort depuis qu'il a un mois ; elle l'a toujours beaucoup réconforté, et il l'adore. Le second est une turbulette. En gigotant, il finissait toujours par repousser sa couverture – dans son berceau, il bougeait beaucoup et se réveillait parce qu'il avait froid. Après l'avoir installé, vers l'âge de trois mois, dans une turbulette en coton, nous avons constaté qu'il ne se réveillait plus que pour manger. Et nous, nous avons gagné des heures de sommeil supplémentaires bien méritées ! À seize mois, Samuel dort toujours dans sa turbulette, où il fait des nuits de douze heures en moyenne – de 19 h à 7 h. J'espère que ces conseils seront utiles à d'autres parents aussi obnubilés que nous par le manque de sommeil ! »

ANDREA, maman de Samuel.

Au dire de la plupart des parents, les problèmes de sommeil d'un bébé sont divisés en deux grandes catégories : s'endormir tout seul le soir et ne pas se réveiller la nuit (voir le chapitre 21). À un moment ou à un autre, vous serez confrontée à l'un d'entre eux, voire aux deux.

La nuit, le jour

Toutes les recherches entreprises sur l'apprentissage du sommeil montrent que la méthode la plus efficace consiste à trouver très tôt un moyen de faire comprendre au bébé la différence entre le jour et la nuit, ce qui implique deux choses :

- La nuit, quand vous donnez à manger à votre bébé, ne faites pas comme si c'était le jour ! L'idée est de lui faire comprendre que c'est l'heure de dormir.
- Instaurez un rituel du coucher avec des signaux qui lui feront comprendre que c'est l'heure d'aller dormir.

Peu importe ce que vous faites et quand vous le faites, l'essentiel est de répéter les mêmes événements tous les soirs afin que votre enfant associe ces rituels à l'endormissement. Cela dit, certains seront plus efficaces que d'autres. De nouveau, il peut être utile de s'intéresser au sommeil de l'adulte pour comprendre ce qui nous aide à tomber dans les bras de Morphée.

Les mécanismes de l'endormissement

Lorsque vous vous allongez sur votre lit, vous ne vous endormez pas instantanément – à moins d'être véritablement épuisée. Le temps nécessaire pour trouver le sommeil est appelé « latence d'endormissement ».

Avec un bain chaud

La baisse de la température du corps est l'un des principaux déclencheurs du sommeil. Normalement, cette température baisse juste avant que nous nous endormions ; elle possède ainsi une incidence importante sur notre latence d'endormissement, ce qui explique qu'on ait du mal à s'endormir quand on a trop chaud.

Sans doute avez-vous déjà constaté qu'il est possible de mettre à profit ce phénomène en prenant un bain chaud une heure ou deux avant d'aller se coucher. Car le bain augmente brièvement votre température, de sorte qu'en sortant du bain, celle-ci baisse. Résultat : vous vous sentez fatiguée. Intégré au rituel du coucher et pour peu que cela soit un plaisir pour lui, un bon bain chaud aidera votre bébé à s'endormir (pour l'aider à apprécier cet instant, voir le chapitre 12).

Avec une bouillotte

Quand il fait froid, l'organisme irrigue moins les extrémités afin de garder constante la température du corps ; les mains et les pieds deviennent alors froids. Inversez ce phénomène physiologique : pour abaisser votre température et induire le sommeil, réchauffez vos mains et vos pieds !

Vous est-il déjà arrivé de ne pas réussir à fermer l'œil parce que vous aviez les pieds glacés ? C'est pourquoi bouillottes et chaussettes sont si agréables. De même, en réchauffant artificiellement l'intérieur de votre lit avec une bouillotte ou une couverture électrique, vous risquez de perturber votre sommeil ; la pratique d'un exercice physique ou un repas copieux peu avant le coucher feront monter votre température et vous empêcheront de trouver le sommeil.

Faites en sorte que les mains et les pieds de votre bébé soient bien chauds, en plaçant par exemple une bouillotte au fond de son berceau. Mais n'oubliez pas de la retirer avant de le coucher pour éviter qu'il n'ait trop chaud.

Instaurez un rituel du coucher

Le rituel est là notamment pour créer un moment de calme.

- Commencez par un bain.
- Mettez à votre bébé une couche propre et éventuellement un pyjama spécial pour la nuit.
- Donnez-lui un repas à base de lait.
- Installez-le dans son lit ; n'oubliez pas qu'il ne faut jamais laisser un bébé tout seul dans un lit d'adulte.
- Certains parents aiment bien faire un massage à leur enfant après le bain, d'autres préfèrent un câlin. Ce que vous faites importe peu, l'essentiel est que les événements précédant le coucher soient prévisibles.
- Au fil du temps, le rituel du coucher suffira à susciter une sensation de fatigue. Avant que les habitudes soient bien installées, il vous faudra peut-être choisir soigneusement l'heure du coucher afin qu'elle coïncide avec une période de fatigue.
- Dans certains cas, mieux vaut commencer les préparatifs quand votre bébé est tout à fait réveillé afin qu'il soit prêt à aller au lit lorsqu'une phase de sommeil surviendra.
- Vous pouvez décider de mots-clés, comme « Bonne nuit, mon chéri ! », annonçant ainsi qu'il est l'heure de dormir.

À terme, votre bébé associera ces mots à l'endormissement. Pour que ce système fonctionne, utilisez ces mots lorsque le coucher se passe bien, afin que votre enfant les associe à un endormissement paisible, et non, par exemple, à un sentiment d'agitation.

S'il s'endort dans vos bras

Souvent, les bébés s'endorment en mangeant, au sein ou au biberon, et certaines mères en sont ravies. Au tout début, quand un nouveau-né alterne les phases d'éveil et de sommeil, il serait difficile de faire autrement. Mais s'il s'endort systématiquement en mangeant, sans doute associera-t-il les deux événements pour finir par avoir besoin de manger pour s'endormir.

De plus, si vous n'avez pas l'intention de dormir avec votre bébé et si vous le couchez une fois endormi, il risque d'être perturbé quand il émergera brièvement à la fin d'un cycle de sommeil, constatant que vous n'êtes plus là – tout comme vous le feriez en vous réveillant à un endroit différent de celui où vous vous êtes endormie. Ainsi, laissez votre bébé s'endormir dans vos bras de temps en temps, en lui donnant à manger ou en le berçant, mais essayez de le coucher le plus souvent possible dans son lit quand il commence à s'assoupir et avant qu'il soit complètement endormi.

S'il pleure dès que vous partez

Après l'avoir couché, vous quittez la chambre et votre bébé se met à pleurer. Que faire ? N'oubliez pas qu'il est en train d'apprendre à s'endormir ; sans doute ne trouvera-t-il pas le sommeil tout de suite. Certains ouvrages conseillent de laisser pleurer le bébé, ce que la plupart des parents réprouvent : fort heureusement, les recherches actuelles leur donnent raison (voir le chapitre 19).

Cependant, soyez attentive au type de pleurs. Votre bébé semble grognon, fatigué ? Dans ce cas, il est possible qu'il essaie de s'endormir. Certaines mères accourent systématiquement au moindre bruit pour prendre leur enfant dans les bras. Or, il vaut mieux parfois attendre un peu. Si votre bébé pleure alors que vous savez qu'il est fatigué, essayez de le laisser quelques minutes, et prenez-le uniquement si ses pleurs changent ou deviennent plus pressants ; faites-lui plutôt une petite caresse ou rassurez-le, doucement, d'une autre manière.

N'hésitez pas à faire ce qui vous semble bon : si vous pensez que votre bébé a l'air contrarié ou apeuré, allez-y, consolez-le et, si possible, aidez-le à s'endormir. Être parent est une question de confiance : si vous paraissez indécis ou anxieux à l'idée de le laisser s'endormir, votre bébé se dira qu'il a vraiment de bonnes raisons de s'inquiéter !

Pas trop de silence

L'une des idées fausses les plus répandues est de croire qu'un bébé a besoin de silence pour s'endormir. Imaginez un peu le sentiment qu'un silence total peut susciter chez un nouveau-né qui a passé neuf mois dans le « raffut » du ventre maternel ! À terme, oui, votre enfant apprendra à s'endormir dans un environnement calme. Mais si vous tentez d'atteindre cet objectif trop tôt, il se pourrait fort que vous le regrettiez amèrement.

Avez-vous envie de rester confinée à la maison parce que votre bébé a besoin d'un silence absolu pour faire sa sieste ?

N'est-il pas préférable qu'il puisse dormir pendant que vous faites vos courses, que vous rendez visite à des amis ou que vous vaquez à vos occupations ?

L'importance des siestes

Les siestes d'un bébé ont une incidence sur son aptitude à dormir la nuit : s'il a du mal à trouver le sommeil le soir, cela vaut la peine de s'intéresser de plus près à la qualité et à la durée de ses siestes.

- Ses siestes sont-elles trop tardives ? Si vous souhaitez coucher votre enfant vers 18 ou 19 h, essayez de ne pas laisser la sieste se prolonger au-delà de 15 h.
- Ses siestes sont-elles trop longues ? Votre bébé dort peut-être trop pendant la journée… à moins qu'il ne dorme pas assez ! D'une manière paradoxale, les enfants qui ne dorment pas assez à la sieste peuvent être tellement fatigués et grognons le soir qu'ils ont du mal à s'endormir paisiblement.

Petit guide de quatre mois à quatre ans

- À quatre mois : un bébé fait jusqu'à trois siestes par jour, dont la durée totale ne devrait pas excéder quatre heures.
- À six mois : il fait une sieste de une heure environ le matin et une autre, après le déjeuner, de deux heures maximum.
- À douze mois : il n'a peut-être plus besoin de sa sieste du matin. En revanche, celle qui suit le déjeuner est incontournable et dure deux heures environ.
- À deux ans : il fait une sieste de une à deux heures après le déjeuner.

- À trois ans : il fait une sieste de une heure environ après le déjeuner.
- À quatre ans : il ne fait plus de sieste.

Soyez attentive aux signes de fatigue

L'être humain témoigne de cycles d'alternance entre le repos et l'activité (voir le chapitre 17). Essayez de mettre à profit les cycles naturels de sommeil de votre bébé ; soyez attentive au moindre signe de fatigue afin d'intervenir avant qu'il devienne grognon : il profitera mieux de son repos.

Voici les principaux signes de fatigue d'un bébé :

- Il ne vous regarde plus dans les yeux.
- Il a les yeux dans le vague.
- Il est grognon.
- Il se frotte les yeux.
- Il bâille.

Chez un jeune enfant, les signes de fatigue sont les suivants :

- Ses mouvements ou son activité se ralentissent.
- Il devient plus calme.
- Il se désintéresse des personnes ou des jouets.

CHAPITRE 21

ET COMMENT L'AIDER À RESTER ENDORMI

« Voici quelques exercices pour garder votre calme tandis que votre bébé se réveille en hurlant, en pleine nuit :
- respirez profondément, imaginez que l'air véhicule du calme ;
- imaginez votre bébé en train de sourire ;
- concentrez-vous uniquement sur ce sourire ;
- rendez-lui son sourire ;
- observez comme vos sentiments se mettent à évoluer et s'apaisent quand vous lui souriez ;
- projetez l'image du bébé souriant sur votre bébé qui pleure, jusqu'à ce que son humeur change et qu'il partage votre état d'esprit. »

ROSEMARY, maman de Nicholas et de Sophie.

« À six semaines, mon bébé faisait ses nuits, lui... » : voilà une affirmation qui ne vous sera d'aucun secours. Déclinée en plusieurs versions, son seul effet est de vous donner le sentiment que vous ne vous y prenez vraiment pas comme il faut !

Dites-vous bien qu'il n'y a pas un bébé de six mois qui dort, d'une seule traite et sans bouger, de 19 h à 7 h. Parfois, pendant une certaine période, il peut dormir plusieurs nuits d'affilée ; alors ses parents se disent qu'ils tiennent le bon bout. Hélas, cela dure rarement longtemps. Quoi qu'il en soit, la seule chose importante est de savoir si le rythme de sommeil de votre bébé vous convient, à vous.

La nuit, c'est fait pour dormir

Vous le savez maintenant, tout le monde, adultes comme enfants, se réveille brièvement, plusieurs fois par nuit. Lorsque c'est le cas, un bébé ne se rendort pas aussitôt, sauf s'il sent qu'il peut le faire en toute sécurité. Mais si votre présence est devenue nécessaire à son endormissement, il aura besoin de vous à chaque fois qu'il se réveillera. Apprenez-lui donc à s'endormir tout seul, sans aide extérieure, afin qu'il puisse passer sa nuit sereinement (voir le chapitre 20).

Votre bébé est avant tout un être social, qui souhaite faire plaisir à ses parents et répondre à ce que vous – et la société dans laquelle il vit – attendez de lui, à condition que cela ne soit pas en contradiction avec ses besoins fondamentaux.

Vous voulez lui faire comprendre que la nuit, c'est fait pour dormir, et la journée, pour être éveillé. Même tout petit, votre bébé a des cycles diurnes rudimentaires ainsi que des cycles d'éveil et de sommeil qui se mettent en place. Par conséquent, vous n'allez pas contre sa nature en l'encourageant à dormir la nuit. Toutefois, il sera incapable de le faire si :
- il a faim ou soif ; pendant ses trois ou quatre premiers mois, il aura besoin de manger la nuit ;
- il a peur ; s'il a le sentiment d'être abandonné, il aura besoin de votre présence.

Petite lampe, petits bruits

Pendant les premiers mois, profitez des repas nocturnes pour montrer à votre bébé que, la nuit, les choses sont différentes de la journée.

- Faites aussi peu de lumière que possible. Si votre bébé ne dort pas dans votre lit, allumez juste une petite lampe ; s'il dort avec vous et si vous l'allaitez, vous constaterez après plusieurs semaines d'entraînement que vous vous débrouillez très bien tous les deux dans le noir.
- Ne changez pas sa couche, sauf si elle est souillée. L'humidité ne dérange pas les bébés.
- Restez aussi discrète que possible. Ne bavardez pas avec votre enfant. Si vous avez besoin de lui parler, murmurez. Au besoin, soyez « soporifique » afin qu'il se rendorme au plus vite !

Des recherches ont démontré l'efficacité de cette méthode, qui consiste à souligner les différences entre le jour et la nuit, et à réduire les interactions nocturnes : selon une étude portant sur plus de six cents bébés, cela avait augmenté de 10 % le nombre de bébés de douze semaines qui, la nuit, dormaient cinq heures ou plus – ce qui correspond, je vous le rappelle, à la définition de « faire ses nuits ».

Aucun intérêt à se réveiller !

Si votre bébé dort avec vous, il est peu probable qu'il ait besoin d'être rassuré la nuit : à vos côtés, il sait qu'il est en sécurité. S'il dort dans sa chambre et si vous savez qu'il est capable de s'endormir tout seul, sans manger, sans être bercé et sans autre intervention – puisqu'il le fait au moment du coucher –, alors, s'il se réveille la nuit sans réussir à se rendormir, sans doute est-ce parce qu'il a simplement besoin d'être rassuré, de savoir que vous êtes toujours là et que son berceau est un endroit sûr.

Si vous pensez que votre bébé se réveille plus souvent qu'il n'en a besoin, réfléchissez à ce que vous faites lors de ses réveils. Cela a-t-il un effet de renforcement (voir le chapitre 20) ? Autrement dit, cela vaut-il la peine pour lui de se réveiller ? Vous lui chantez des chansons ? Vous lui faites des câlins ? Vous dansez en le tenant dans vos bras ? Cela mérite vraiment de se réveiller ! Mais si vous le réconfortez rapidement, sans plus, un réveil en pleine nuit aura pour lui peu d'intérêt.

Si votre bébé est assez âgé pour espacer ses repas et si vous continuez à lui donner à manger quand il se réveille, sans doute est-ce cela qui l'incite à ne pas se rendormir. Essayez de lui donner un simple biberon d'eau ou contentez-vous de le rassurer. Et pourquoi ne pas demander à votre compagnon d'aller le voir la nuit, jusqu'à ce que votre bébé prenne l'habitude de ne plus manger ?

Faut-il le laisser pleurer ?

Selon les principes et les applications de la méthode behavioriste (voir le chapitre 19), on laisse un bébé pleurer parce qu'on considère qu'il sait s'endormir tout seul mais qu'il a décidé de ne pas le faire. Le laisser pleurer revient à lui transmettre le message suivant : mieux vaut se rendormir car la période d'éveil n'est pas si intéressante que ça.

Mais si votre bébé ne sait pas encore s'endormir tout seul, cette méthode ne fonctionnera pas. Peut-être arrêtera-t-il de pleurer par épuisement, mais il n'en tirera aucune leçon positive. Avant d'essayer l'une ou l'autre de ces techniques, assurez-vous donc que votre enfant sait s'endormir tout seul, paisiblement.

Il fait ses dents, il est malade…

Si votre bébé se réveille plus souvent à une certaine période, peut-être y a-t-il quelque chose qui le chagrine à ce moment précis. Des changements importants sont intervenus, qui peuvent affecter son sommeil – vous venez de déménager, vous venez de reprendre votre travail… Et s'il est malade, attendez-vous à ce qu'il passe des nuits agitées. Un enfant qui dort à poings fermés toutes les nuits, ça n'existe pas. Restez calme, persévérez, et les choses s'arrangeront.

Voici quelques raisons susceptibles d'expliquer des troubles du sommeil passagers :

- Votre bébé fait ses dents. Surveillez les signes annonciateurs : il bave beaucoup, son nez coule, il est irrité sur le menton, ses joues sont rouges, il refuse le sein ou le biberon mais il a envie de téter, il a un érythème fessier…
- Votre bébé est malade. Les otites sont courantes chez les petits, dont les trompes d'Eustache sont minuscules ; ces infections sont très douloureuses, surtout en position allongée – en revanche, à la verticale, votre enfant a l'air en forme. S'il paraît pleurer de douleur, s'il a de la fièvre ou la diarrhée, s'il manque d'appétit, s'il a le nez qui coule ou s'il présente tout autre symptôme inquiétant, appelez votre médecin.

Deux méthodes à essayer ?

Le « cœur de la nuit » : voilà comment pourrait s'appeler la première méthode pour aider votre bébé à se rendormir. Elle consiste à repérer le « cœur de la nuit », le moment où votre enfant dort un certain nombre d'heures d'affilée, pour peu à peu prolonger cette période en ne lui donnant pas à manger s'il se réveille et en le consolant d'une autre manière. Certains parents trouvent cette technique efficiente, même si plusieurs études semblent plutôt indiquer le contraire.

Une autre méthode adoptée par certains parents consiste à donner un repas de complément, en général juste avant qu'ils aillent eux-mêmes se coucher. Le principe est d'inciter votre bébé à manger longtemps, au sein ou au biberon, pour bien se remplir le ventre avant de dormir ; parfois, un biberon est donné après le sein. Mais, de nouveau, des recherches ont montré l'inefficacité de cette méthode, avant tout en raison des réticences des parents : une fois que leur bébé dort, ils n'ont aucune envie de le réveiller. Mais si le principe vous plaît, pourquoi ne pas l'essayer tout de même ?

Il grandit

Votre bébé dort bien ? Hélas, ne vous attendez pas à ce que les choses restent ainsi tout le temps car, au fil du temps, ce nourrisson ne va cesser de changer et vous devrez vous adapter : à six mois, il se peut qu'il fasse parfaitement ses nuits mais, quand il traversera une période où il vous sera très attaché, le plus souvent vers huit mois ou vers quinze mois, peut-être aura-t-il alors peur d'être abandonné. Et le fait de se réveiller dans une chambre vide et silencieuse pourra le perturber.

S'il est difficile de voir tous vos efforts anéantis pour faire dormir votre enfant, sachez que vous devrez, à chaque étape, tenir compte de ce qui se passe dans son existence. Soyez sensible à ses besoins et trouvez une nouvelle organisation convenant à toute la famille.

Mesures de survie

Quand on est enceinte, la perspective d'être privée de sommeil paraît effrayante. Sachez que, pendant votre grossesse, votre organisme vous prépare à affronter des nuits entrecoupées et, si vous allaitez, vos hormones vous aideront à vous rendormir très rapidement.

Les nuits entrecoupées sont plus difficiles à supporter quand on manque de sommeil paradoxal (voir le chapitre 17).

- Essayez de le rattraper par une bonne sieste : allongez-vous une heure environ pendant que votre bébé dort.
- Avec votre compagnon, relayez-vous pour vous lever au petit matin, quand se déroule la majeure partie du sommeil paradoxal.
- Si vous le pouvez, couchez-vous très tôt.
- Si vous le pouvez, faites la grasse matinée une fois par semaine au moins.
- Pendant les premiers jours, ne soyez pas trop exigeante avec vous-même.

Chapitre 22

Branle-bas de combat : ce n'est plus un bébé !

« James, qui a vingt mois, a toujours dormi avec nous, et il ne s'est presque jamais réveillé la nuit. Quand il était petit, il se contentait de s'agiter dans son sommeil avant de prendre le sein. Si vous vous réveillez la nuit, votre rythme de sommeil va s'aligner sur celui de votre bébé : vous finirez par vous réveiller avec lui. Mais quand votre bébé dort dans son berceau, vous n'êtes pas en contact avec lui et vous ne le sentez pas s'agiter. Vous l'entendez uniquement quand il se met à pleurer. Alors, vous devrez vous réveiller précipitamment. Quant à lui, il sera complètement réveillé. »

Margaret, maman de James.

Votre bébé chéri dormait à merveille, et voici que tout a changé quand il a commencé à marcher ; d'un coup, les bonnes habitudes d'endormissement et de sommeil se sont envolées. Désormais, il vous faut fixer des limites. Alors que votre bébé était ravi de faire tout ce que vous lui proposiez, le jeune enfant qu'il est devenu veut par tous les moyens affirmer son indépendance : il va très vite comprendre que, en ce domaine, la nuit constitue un terrain idéal !

Bagarres à l'heure du coucher

Vous avez toutes les peines du monde à coucher votre enfant, et vous vous dites qu'il a peut-être maintenant besoin de moins de sommeil. En règle générale, sachez que c'est faux. À dix-huit mois, un enfant a besoin de dormir douze heures pendant la nuit, et jusqu'à deux heures pendant la sieste. À trois ans, il lui faudra encore des nuits de douze heures, mais peut-être se passera-t-il déjà de sieste ; quoi qu'il en soit, instaurer un temps de repos après le déjeuner est une excellente habitude, qui permet de recharger les batteries.

Un enfant qui ne dort pas assez est grognon et irritable. Quand ils sont exténués, nombreux sont ceux qui deviennent hyperactifs : plus la fatigue les gagne, plus ils passent par des hauts et des bas, devenant impossibles à contrôler. Cela vous rappelle quelque chose ? Si votre enfant est joyeux et satisfait, sans doute dort-il assez ; en revanche, si vous le trouvez difficile pendant la journée, il se peut qu'il soit fatigué.

« Je ne veux pas aller me coucher ! »

Vers l'âge de un an, un enfant comprend que son papa et sa maman restent éveillés et qu'ils s'amusent sans lui. Alors pourquoi irait-il se coucher ? Il tombe de sommeil mais il est incapable de se montrer raisonnable ; il attend que ses parents se montrent fermes et qu'ils posent des limites calmement, sans transiger, tout en douceur. Lui ordonner d'aller se coucher en criant ne ferait que l'énerver davantage.

Le dormeur parfait, ça n'existe pas

La plupart des études sont réalisées, au même moment, sur un échantillonnage d'enfants appartenant à différents groupes d'âge, afin d'établir des statistiques dont les chercheurs tirent des conclusions. En revanche, les études qui, pour observer leur développement, analysent les mêmes enfants sur une longue période sont plus rares.

L'une d'entre elles s'est intéressée à cent cinquante enfants à six mois, puis à douze mois, dix-huit mois et vingt-quatre mois. Elle a révélé que 63 % de ces enfants n'avaient jamais eu de problèmes de sommeil, à quelque âge que ce soit. Mais, pour les autres, la moitié avait eu des troubles du sommeil qui disparaissaient par la suite, tandis que l'autre moitié connaissait l'évolution inverse. Ainsi, un bébé qui dort mal à l'âge de six mois peut très bien dormir à douze mois et à dix-huit mois, tandis qu'un autre qui dormait bien à six mois peut, plus tard, commencer à se réveiller la nuit.

Seuls 5 % des enfants avaient connu des troubles du sommeil à tous les âges.

En réalité, à tout âge, il existe une infinie variété de rythmes de sommeil.

Si vous n'avez pas encore instauré de rituel du coucher, le moment est bien choisi pour le faire (voir le chapitre 20) ; vous comprendrez pourquoi ce temps de calme, reprenant tous les soirs le même enchaînement d'événements paisibles, aidera votre enfant à se sentir en sécurité et disposé à dormir.

Voici quel pourrait être le déroulement de la soirée :

- un bain ;
- une boisson au lait ;
- le brossage des dents ;

- des bisous pour dire bonne nuit à tout le monde, dans le salon ;
- la lecture d'une histoire au lit ;
- un dernier baiser et un dernier câlin ;
- vous et votre enfant, vous vous dites : « Bonne nuit, et à demain ! »

De toute évidence, chahuter comme un fou avec papa ou regarder la télévision n'est pas l'idéal. À part ça, peu importe ce que vous faites, l'essentiel étant que la succession des événements soit connue de votre enfant.

« Je ne veux pas rester tout seul ! »

À l'âge où ils commencent à marcher, beaucoup d'enfants ont des angoisses de séparation, et ils ont particulièrement besoin d'être rassurés avant de rester seuls pour la nuit. Attention à ce que cela ne devienne pas une technique pour retarder l'heure du coucher.

Si vous avez l'impression qu'il vous faut de plus en plus de temps pour coucher votre petit :

- Suivez le rituel habituel, avec la lecture d'une histoire, le dernier bisou et le dernier câlin, et rassurez votre enfant.

- Décidez d'une heure limite à laquelle vous allez le quitter, et respectez-la.

- Laissez une veilleuse allumée ou mettez une berceuse que votre enfant écoutera après votre départ.

Une méthode d'apprentissage du sommeil préconise, dans certains cas, de laisser pleurer un enfant (voir le chapitre 19). Si elle n'est sans doute pas adaptée à un bébé, elle peut se révéler efficace pour un jeune enfant qui teste vos limites, si vous croyez savoir ce qui lui pose problème lors du coucher et si vous êtes prête à lui expliquer ce que vous faites.

« J'ai fait un cauchemar ! »

Rien ne sert d'expliquer à votre enfant qu'il a fait un « mauvais rêve » : pour lui, ce qu'il a ressenti était bien réel. Réagissez plutôt comme si les événements de son cauchemar s'étaient vraiment produits, en faisant ce qui, à votre avis, le rassurera. Votre petite fille vous dit qu'elle a vu un monstre ? Répondez-lui que vous l'avez chassé, que vous avez fermé la porte à clé et que le monstre ne peut plus revenir.

Si votre enfant fait souvent des cauchemars, demandez-vous s'il n'est pas trop stimulé en fin d'après-midi et en début de soirée. S'il regarde la télévision, mettez-lui plutôt une vidéo calme et douce ou, mieux encore, lisez-lui une jolie histoire. Tenez un journal de bord de ses cauchemars et voyez si un rythme particulier s'en dégage. Surviennent-ils les jours où il va à la crèche ? Sont-ils liés à l'apprentissage de la propreté ?

Plus de réponses agréables !

Certains enfants de un an environ ne feront pas leurs nuits s'ils constatent que des événements agréables, par exemple un biberon ou un gros câlin, sont là à leur réveil. Supprimez toutes ces réponses nocturnes.

Au lieu de vous précipiter pour lui faire un câlin, rassurez votre enfant depuis le couloir qui mène à sa chambre. Un enfant de plus de un an n'a nul besoin de manger la nuit ; en revanche, il peut avoir soif : placez donc un biberon d'eau près de son lit, et ne lui donnez jamais ni lait ni jus de fruits. Se réveiller pour un biberon d'eau, quel intérêt ?

Par ailleurs, éliminez toutes les éventuelles stimulations. La chambre est l'espace personnel de votre enfant, et il est tentant d'y ranger tous ses jouets – ne serait-ce que pour garder en ordre le reste de la maison. Mais si sa chambre est trop excitante et trop pleine, votre enfant peut avoir du mal à s'y endormir ou à y rester endormi. Pourquoi ne pas placer certains jouets dans une autre pièce, ou bien les ranger dans un grand meuble qui ferme, pour qu'ils ne soient plus visibles du lit ?

C'est l'heure de se lever ?

Que faire si votre enfant se réveille en pleine forme… mais beaucoup trop tôt ? Au petit matin, tout le monde émerge de son sommeil ; toutefois, les adultes ont appris à se rendormir. Votre enfant en est également capable, mais s'il est trop stimulé, il se forcera à rester éveillé. Posez-vous alors les questions suivantes :

- Est-il excessivement stimulé pendant la journée, ce qui lui donne trop de choses à penser au petit matin ?
- Sa chambre est-elle trop stimulante ?
- Aurait-elle besoin d'être obscurcie ?

Si votre enfant se révèle d'un naturel matinal, posez dans son lit quelques jouets calmes, par exemple des nounours ou des livres souples, avec lesquels il pourra s'amuser à son réveil. Il aura ainsi de quoi s'occuper jusqu'à l'heure où vous serez prête à vous lever.

Des récompenses, plus que des punitions

Avec l'enfant âgé de plus de un an, il est souvent préférable de recourir aux récompenses plutôt qu'aux punitions. Pour qu'une récompense soit efficace, elle doit avoir un sens et doit pouvoir être comprise. Si vous dites à un enfant de deux ans : « Si tu restes sagement dans ton lit toutes les nuits cette semaine, nous ferons une sortie ce week-end », l'échéance est bien trop lointaine. En revanche, une promesse comme : « Si tu restes dans ton lit demain matin, en jouant calmement jusqu'à ce que je vienne te voir, je t'achèterai un livre quand nous irons faire des courses, le matin » sera plus efficace.

Un enfant qui marche est capable d'assimiler le principe de la gratification différée, mais l'échéance doit être courte et la récompense presque immédiate. Autre chose importante : si votre enfant ne mérite pas la récompense, vous devez être prête à ne pas la lui donner ! Par ailleurs, ne proposez pas comme récompense une chose que vous aviez, de toute façon, prévu de faire.

Avec des enfants plus âgés, un tableau à étoiles peut être d'un grand secours : une étoile s'il va au lit à 19 h, une autre s'il reste au lit jusqu'à 7 h, etc. Il recevra une récompense s'il a, par exemple, obtenu dix étoiles pendant la semaine. Mais si votre enfant « échoue », ne le réprimandez pas. Vous pouvez même compatir : « Quel dommage, pas d'étoile aujourd'hui ! Ce n'est pas grave, je suis sûre que, ce soir, tu y arriveras ! »

Six principes à retenir

1. N'envoyez pas votre enfant au lit pour le punir. Le lit ne doit pas être associé à des événements désagréables.

2. Certains enfants dorment mieux que d'autres. Ne succombez pas à la tentation de comparer votre progéniture à celle de vos amis.

3. Quand on est très fatigué, il est difficile de rester cohérent. Or la cohérence est vraiment fondamentale pour un jeune enfant. Efforcez-vous donc de dormir suffisamment vous-même. Si nécessaire et si possible, allongez-vous après le déjeuner, pendant la sieste de votre enfant.

4. Cela peut paraître contradictoire, mais un enfant fatigué a tendance à devenir hyperactif. Si votre enfant est excité comme une puce, n'en concluez pas pour autant qu'il n'a pas besoin d'aller se coucher.

5. Un enfant fatigué et irritable devient plus difficile à gérer. Évitez d'en arriver là : commencez le rituel du coucher avant qu'il devienne grognon.

6. Ne le laissez pas dormir trop tard ou trop longtemps l'après-midi, sauf si vous voulez qu'il se couche très tard.

CHAPITRE 23

QUI DORT OÙ ?

« Quand notre bébé pleurait la nuit, nous avons constaté que la seule chose efficace était de le prendre dans notre lit. Les tout premiers jours, comme nous avions peur de l'écraser, nous avons installé son couffin dans le lit, entre nous. Avec mon second bébé, j'ai vu que la meilleure méthode pour l'endormir (là aussi, nous avions peur de l'écraser) consistait à l'installer dans notre lit, mais sur le matelas de son couffin, puis de lui donner à manger et de le cajoler jusqu'à ce qu'il s'endorme, avant de le transporter, avec le matelas, dans son couffin. »

HAYLEY, maman d'Elizabeth et d'Edward.

La plupart des êtres humains ne dorment pas seuls. Quelles que soient l'époque ou la région du monde auxquelles on s'intéresse, on constate que partager son lit est la norme. Aujourd'hui, dans les sociétés occidentales, la plupart des adultes partagent leur lit avec une autre personne ; et s'ils dorment ensemble, ce n'est pas uniquement pour avoir des relations sexuelles : nous savons tous combien il est agréable de se blottir l'un contre l'autre au beau milieu de la nuit.

Alors, pourquoi un tel tabou pèse-t-il sur le *cosleeping*, le « partage du sommeil », le « cododo », le fait de dormir avec un enfant dans son lit, ou près de son lit, voire simplement dans sa propre chambre ?

Le « cododo » : histoire et fin d'une pratique

Jusqu'au XVIIIe siècle au moins, en Occident, le partage du lit était chose courante. Souvent, plusieurs personnes dormaient ensemble – ce qui explique pourquoi les lits anciens étaient si grands. Ils servaient à dormir et à faire l'amour, mais aussi à discuter, à se divertir et surtout à se tenir chaud. Plusieurs générations d'une même famille, ainsi que des visiteurs et des amis, se blottissaient sous les couvertures pour la nuit.

La dispersion des familles

Avec la révolution industrielle, à la fin du XVIIIe siècle, les gens se mirent à travailler loin de chez eux, les grandes familles furent dispersées et les lits gigantesques devinrent moins courants. Seule la famille proche, c'est-à-dire les parents et leurs enfants, dormaient ensemble. Les bébés dormaient avec leur mère ou avec leur nourrice.

Par peur des microbes

Au début du XIXe siècle, l'amélioration des connaissances sur les bactéries provoqua des réticences à partager son lit. Afin d'éviter la propagation microbienne et les contagions, on bannit alors les bébés dans un lit distinct puis, si le niveau social et la taille de la maison le permettaient, dans une chambre séparée, et les couples se mirent à dormir dans des lits jumeaux.

Dans le courant du XIXe siècle, les couples décidèrent de vivre dangereusement et réintégrèrent le grand lit, avec ses microbes et tout ce qui s'ensuit. Mais on laissa les bébés dans le froid, qui passèrent alors du ventre maternel, un univers où le bruit et le toucher étaient permanents, à une chambre sombre et silencieuse.

Une autre raison expliquant qu'on ait laissé les bébés dans leur chambre est l'importance prise par la relation amoureuse mari-femme, qui relégua l'enfant en seconde position. On pensait également que la distance physique, notamment entre le père et sa progéniture, aiderait celui-ci à exercer son autorité morale et à prodiguer une éducation religieuse.

Mauvaise habitude ou phénomène de mode ?

Aujourd'hui, dans les sociétés industrialisées – mais pas dans les autres parties du monde –, nous avons tendance à considérer le partage du lit parental avec un bébé comme une « mauvaise habitude » ou comme un phénomène de mode. Or, cela revient à balayer du revers de la main des millions d'années d'évolution au cours desquelles les bébés ont dormi en compagnie d'autres êtres humains. À noter : dans le monde, deux tiers des mères dorment avec leur bébé !

De nombreuses pratiques, adoptées par tous les individus pendant des millions d'années, ont été abandonnées. Notre mode de vie actuel, nous dit-on, est si différent de celui de nos ancêtres que partager son lit n'est plus ni justifié ni adapté. Ce qui reste à prouver.

Le « cododo » perturbe-t-il vos nuits ?

Dans le cadre d'une étude, un couple dormant dans le même lit a été filmé ; cela a révélé que les partenaires changeaient généralement de position d'une manière simultanée, sans même s'en rendre compte ; il s'agit d'un phénomène de synchronie. Si nous bougeons plus en dormant avec quelqu'un que lorsque nous sommes seuls, nous sommes nombreux à déclarer que nous dormons mieux quand notre conjoint partage notre lit.

Les choses sont-elles différentes pour une mère et son bébé, voire pour les parents et leur bébé ? Eh bien non : une étude réalisée en laboratoire sur des mères dormant avec leur bébé a montré qu'il y avait là aussi synchronie. La mère et l'enfant s'adaptent l'un à l'autre, et leurs cycles de sommeil et d'éveil se synchronisent. Ainsi, bien que diverses recherches aient montré que les mères dormant avec leur enfant se réveillaient plus souvent que les autres, dans l'ensemble elles passaient autant de temps à dormir que celles dont l'enfant était couché dans une autre pièce ; par ailleurs, elles se sentaient souvent moins dérangées. À cela deux raisons.

- La mère et l'enfant se synchronisent : cela signifie que tous deux s'éveillent à la fin de leur cycle, quand le réveil intervient d'une manière naturelle. Ni l'un ni l'autre ne s'éveille complètement ; le bébé ne pleure pas mais attire l'attention de sa mère par des mouvements de ses bras et de son corps.

- Le bébé qui dort dans une pièce séparée et qui se réveille seul doit pleurer pour attirer l'attention de sa mère ; il s'agite et devient contrarié. Quant à sa mère, elle doit sortir du lit pour lui répondre. L'un et l'autre sont donc entièrement réveillés, et il leur faudra plus de temps pour se rendormir. De plus, un bébé nourri au sein mange moins bien après avoir pleuré et après avoir été contrarié : il se réveillera donc plus vite.

Le sommeil d'une jeune maman

La nature est bien faite : la grossesse vous prépare à un nouveau rythme de sommeil (voir le chapitre 17). Une femme enceinte a moins de sommeil lent et profond ; sa part tombe à 5 % environ du sommeil total, contre 25 % d'ordinaire. En revanche, la part du sommeil paradoxal augmente, et les rêves sont souvent beaucoup plus vivants qu'à l'accoutumée – est-ce aussi parce qu'une femme enceinte leur consacre plus de temps ? Ce changement de rythme s'inscrit probablement dans le processus de synchronisation des cycles du sommeil de la mère et de son enfant ; en effet, un bébé âgé de moins de quatre mois a plus de sommeil paradoxal et pas encore de sommeil lent et profond.

Même les mères qui ne partagent pas leur lit avec leur bébé ne dorment pas profondément ; souvent, elles ne sombrent pas dans la phase 4 du sommeil lent et profond parce qu'elles veulent pouvoir entendre leur bébé pendant la nuit.

Farouches détracteurs contre fervents adeptes

Le plus souvent, le « cododo » déchaîne les passions : il y a ceux qui sont absolument contre et il y a ceux qui sont résolument pour. À vous de décider.

Cela va freiner son autonomie

Dans nos sociétés modernes, on estime qu'il est préférable pour un bébé de dormir seul : cela favoriserait son indépendance.

Pourtant, aucune recherche n'a démontré que les bébés qui dorment seuls sont moins dépendants de leurs parents.

Cela va gêner votre vie de couple

D'aucuns avancent que la présence du bébé dans votre lit vous empêchera de bien dormir ou risque de semer la zizanie dans le couple en entravant votre vie sexuelle !

Vous le savez maintenant, partager son lit avec une personne familière ne perturbe pas le sommeil ; au contraire, cela pourrait même vous aider à mieux dormir.

Quant à l'argument sur la vie sexuelle, je me demande combien de couples venant d'avoir un bébé y consacrent des nuits entières. Des relations sexuelles spontanées durant de longues heures seraient-elles la norme ? Ne serait-il pas plus probable de dire que les choses sont pour le moment en veille, avec quelques rapports à heures convenues, fixées à l'avance ? Même en tenant compte d'une possible exagération en ce domaine, beaucoup d'études portant sur la vie sexuelle des couples après la naissance d'un bébé semblent indiquer qu'il faut beaucoup de temps pour revenir à la normale : cette situation est entièrement liée à la naissance de l'enfant ; qu'il dorme dans sa chambre ou dans votre lit ne joue donc pas un rôle déterminant.

Vous risquez d'écraser votre bébé

Pour de nombreux parents, l'idée de prendre leur bébé dans leur lit suscite une crainte : celle de l'écraser. Pendant longtemps – à une époque où tous les bébés dormaient avec leurs parents –, les notions de mort subite du nourrisson et d'écrasement étaient synonymes ; tout décès inexpliqué était attribué au fait qu'un adulte s'était couché sur l'enfant, qu'il ait été ou non étouffé.

En réalité, des études menées en laboratoire ont démontré que, dans leur lit, les mères sont toujours parfaitement conscientes de l'endroit où se trouve leur bébé (voir l'encadré « Partager son sommeil » dans le chapitre 8) – à moins qu'elles soient droguées ou totalement épuisées.

Cela prévient la mort subite du nourrisson

Les recherches réalisées sur la mort subite du nourrisson suggèrent que le sommeil partagé, dans le même lit ou dans la même pièce, est beaucoup plus sûr pour un bébé de moins de six mois (voir le chapitre 24). Tout semble également indiquer que le sommeil partagé est favorable à l'allaitement : les mères dormant avec leur bébé allaitent plus longtemps que les autres.

À vous de décider

Quelle que soit votre décision, assurez-vous que votre bébé est en sécurité (voir le chapitre 24). Et si vous envisagez de le prendre dans votre lit, mettez-vous d'accord avec votre compagnon, à tête reposée, en plein jour, plutôt que d'entamer des négociations à 3 h du matin !

N'ayez aucune inquiétude : dormir avec votre bébé dans la même chambre ou partager occasionnellement votre sommeil avec lui ne signifie pas que vous ne retrouverez jamais votre lit pour vous. Comme le dit Deborah Jackson, ça serait malheureux si nous ne faisions que ce qui n'est pas destiné à cesser un jour : on ne mettrait pas de couches aux bébés et les mères ne leur donneraient pas le sein !

C'EST PLUS COURANT QUE VOUS LE CROYEZ

Helen Ball a réalisé des études sur le sommeil partagé dans le nord-est de l'Angleterre. Avec ses collègues, elle a constaté que, au sein d'une population variée, 65 % des parents ont partagé leur lit avec leur bébé à un moment ou à un autre, même s'ils n'en avaient pas l'intention avant sa naissance. 95 % des bébés partageant le lit parental dormaient avec leur père et leur mère. Si le sommeil partagé était donc très répandu et si les parents qui l'avaient pratiqué l'ont jugé efficace, la plupart d'entre eux gardaient cette information pour eux, craignant la désapprobation des professionnels de santé et de leur famille.

Les travaux d'Helen Ball suggèrent également que le sommeil partagé améliorerait la prévention de la mort subite du nourrisson.

De votre lit à sa chambre

Quand faut-il installer votre bébé dans sa propre chambre ? À ce sujet, les points de vue, les pratiques et les idées reçues divergent, suscitant la plus grande confusion.

Une vaste étude réalisée sur la mort subite du nourrisson – l'étude CESDI – a révélé que le fait de dormir avec son bébé dans la même chambre, pendant les six premiers mois, réduisait le risque de mort subite. Tandis que certains parents mettent plus tôt leur enfant dans sa chambre, d'autres le gardent avec eux bien plus longtemps. Il n'y a pas de réponse universelle : cela dépend de vous, de votre compagnon et de votre bébé. Sachez seulement que, si vous gardez dans votre lit un enfant plus âgé, vous ne manquerez pas hélas de provoquer moult commentaires réprobateurs !

Pourtant, un bébé qui sait qu'il est le bienvenu dans le lit de ses parents est susceptible d'en avoir moins besoin !

Il est préférable de ne pas changer l'endroit où dort votre enfant dans les cas suivants :

- S'il passe par une période d'angoisse de la séparation, c'est-à-dire vers huit mois, puis de nouveau à deux ans.
- Si des bouleversements importants surviennent, par exemple un déménagement ou la naissance d'un nouvel enfant. Changez l'endroit où il dort plusieurs semaines avant ou après afin qu'il ne connaisse qu'un événement déstabilisant à la fois.
- Si vous reprenez le travail. Beaucoup de mamans qui travaillent aiment bien dormir avec leur enfant, la proximité physique de la nuit compensant la séparation de la journée. Si cette perspective vous déplaît, changez l'endroit où dort votre enfant bien avant de reprendre votre activité professionnelle.
- Si le fait de voir votre enfant dormir dans une autre pièce vous angoisse. Car les parents, eux aussi, connaissent l'angoisse de la séparation !

Une transition tout en douceur

Plusieurs solutions faciliteront le passage de votre chambre à celle de votre bébé.

- Procédez par étapes : commencez par l'installer dans un berceau à côté de votre lit, puis déplacez le berceau à l'autre bout de la pièce avant de le mettre dans sa chambre.

- Pour faciliter la transition, certains parents dorment quelque temps avec leur enfant dans sa chambre.

- Une autre méthode progressive consiste à passer une partie de la nuit ensemble et une autre séparément. Par exemple, vous pouvez le mettre dans son lit pendant qu'il dort, et, le lendemain matin, le féliciter d'avoir passé une partie de la nuit tout seul.

- Inversez l'écoute-bébé de manière à ce qu'il puisse vous entendre respirer.

- Placez quelque chose qui porte votre odeur dans son lit : un vêtement ou un coussinet d'allaitement.

- Réchauffez son berceau avec une bouillotte. Attention : n'oubliez pas de l'enlever avant de coucher votre enfant.

- Pendant la journée, utilisez son lit pour des activités agréables telles que lire une histoire ou jouer : ainsi, il prendra plaisir à le retrouver le soir.

- Si votre enfant est plus grand, faites du changement d'endroit un événement spécial et joyeux ; impliquez-le dans le choix des draps ou d'un nouveau doudou pour la nuit.

- Si votre enfant est beaucoup plus grand, notamment s'il parle déjà, vous pouvez recourir au renforcement positif, avec des tableaux à étoiles et des récompenses (voir le chapitre 22).

NON À LA MAUVAISE CONSCIENCE

Aux États-Unis, des chercheurs se sont intéressés à la place du sommeil partagé dans plusieurs communautés. Bien que le sommeil partagé soit déconseillé outre-Atlantique, nombreux sont les parents qui le pratiquent – de même qu'en Europe. Presque un tiers des familles blanches et les trois quarts des familles noires interrogées dormaient régulièrement avec leur enfant dans leur lit.

Les familles blanches qui pratiquaient le sommeil partagé étaient confrontées à plus de problèmes de coucher et à plus de réveils nocturnes que les autres ; toutes estimaient que les réveils nocturnes avaient une influence négative sur le sommeil des parents.

Si le nombre de problèmes de coucher et de réveils nocturnes était comparable dans les familles noires, en revanche ces dernières ne jugeaient pas dérangeants les réveils nocturnes. Alors que les familles noires sont plus nombreuses à pratiquer le sommeil partagé, elles sont donc plus rares à trouver pénibles les réveils nocturnes.

Conclusion ? Le « cododo » revêt des significations et des associations différentes selon les individus et selon les cultures. Si cette formule vous plaît, sa réalisation se passera sans doute très bien.

CHAPITRE 24

DES RÈGLES DE SÉCURITÉ

Pour faire dormir chacun de nos trois enfants, la meilleure solution que nous ayons trouvée a été d'acheter un porte-bébé dorsal. Nigel installait le bébé dedans et partait le promener dans la rue, d'un pas alerte ; en moins de dix minutes, il dormait assez profondément pour que nous puissions le mettre dans son lit. Nous faisions très attention à le coucher sur le dos, habillé d'un surpyjama, sans couverture ni couette, et dans une chambre pas trop chauffée. »

BELINDA, maman de Martha, d'Effie et de Kitty.

L'une des plus terribles choses qui puissent arriver à de jeunes parents est de voir leur bébé adoré mourir brutalement. Dans les pays développés, la mort subite du nourrisson reste l'une des principales causes de mortalité postnatale, c'est-à-dire touchant les enfants entre un mois et un an. Même si les campagnes de prévention menées depuis les années 1990 ont permis de réduire considérablement le nombre de décès.

Quelles sont les explications de ce phénomène ? Et que pouvez-vous faire pour réduire les risques ?

Que sait-on de la mort subite du nourrisson ?

La mort subite du nourrisson (MSN) n'a pas une explication unique. Il se pourrait même que chaque décès soit dû à plusieurs raisons. Divers facteurs peuvent se conjuguer ; par ailleurs, certains bébés sont plus vulnérables que d'autres.

- Plus de 80 % des décès par mort subite du nourrisson se produisent avant l'âge de six mois, frappant avant tout des bébés âgés de un à quatre mois. Les décès sont rares après l'âge de un an (3 % environ des cas).
- La plupart du temps, le décès survient dans le berceau, mais il se produit parfois ailleurs.
- Les garçons sont plus touchés que les filles (60 % environ des décès).
- Un facteur de risque important est la prématurité (18 % des cas environ) et le faible poids de naissance.
- Les études les plus récentes sur la mort subite du nourrisson se sont intéressées à l'aptitude des bébés à contrôler leur respiration et leurs éveils pendant le sommeil. Le tronc cérébral contrôle l'éveil, ainsi que la durée des différentes phases de sommeil ; une zone spécifique du tronc cérébral assurerait l'équilibre entre les niveaux d'oxygène et de dioxyde de carbone. Des autopsies réalisées sur des victimes de mort subite révèlent chez certaines d'entre elles des déficits dans ces zones du cerveau, qui les empêchent de se réveiller après des pauses respiratoires particulièrement prolongées.
- On a constaté que certains bébés victimes de la mort subite avaient connu un ou plusieurs malaises graves inopinés du nourrisson (MGIN), caractérisés par une perte de tonus musculaire accompagnée de suffocation, d'apathie, d'accès

de pâleur, de cyanose ou d'apnée ; 6 % environ des enfants ayant subi un malaise grave inopiné ont succombé de mort subite. Les bébés vulnérables ont peut-être des problèmes d'éveil et de régulation de la respiration.

Les mesures de prévention

Les principes retenus aujourd'hui pour prévenir la mort subite du nourrisson sont les suivants : ne jamais coucher un bébé sur le ventre, ne pas fumer, ne pas trop chauffer la chambre, ne pas utiliser de literie dangereuse ni d'occasion.

Un bébé dort sur le dos, pas sur le ventre

Lancée en France à partir de 1992 par le ministère de la Santé, la première campagne de prévention de la mort subite a encouragé les parents, par le biais des sages-femmes, des puéricultrices et des obstétriciens, à coucher leur bébé non plus sur le ventre mais sur le dos : entre 1991 et 1996, le nombre des décès a été divisé par 3.

Il y a plus d'une vingtaine d'années, les chercheurs constatèrent que les bébés dormant sur le dos étaient deux fois plus actifs que ceux qui dormaient sur le ventre, et qu'ils se réveillaient plus souvent. L'objectif étant alors – comme aujourd'hui – d'encourager les bébés à faire leurs nuits, les ouvrages de puériculture conseillaient de coucher les enfants sur le ventre. Erreur tragique, puisqu'il est apparu que cette position constitue la principale cause de mort subite du nourrisson.

Pour un bébé, dormir à plat ventre est dangereux pour quantité de raisons ; tout d'abord, il risque d'inspirer le dioxyde de carbone qu'il expire, surtout s'il dort sous une épaisse couverture ; ensuite, peut-être respire-t-il moins bien ainsi, tout simplement parce que cette position entrave le mouvement de la poitrine. Un groupe de chercheurs a déterminé que 28 à 52 % des victimes de mort subite retrouvées sur le ventre auraient suffoqué.

Le tabagisme mis en cause

Après le couchage sur le dos, le deuxième facteur de risque est le tabagisme de la mère, en particulier pendant la grossesse. Une étude récente a montré que les bébés dont la mère avait fumé pendant la grossesse couraient cinq fois plus de risques de succomber à la mort subite du nourrisson que les enfants de non-fumeuses.

Si les effets du tabagisme passif sont moins définis, ils existent toutefois : dans les cas où le père seul est fumeur, on sait aujourd'hui que le risque pour le bébé est 1,4 fois plus élevé que lorsque ses deux parents ne fument pas.

Ne laissez personne fumer près de votre bébé. Si vous fumez, ne dormez pas avec votre bébé.

Un moniteur de surveillance est-il utile ?

Un simple écoute-bébé, qui permet d'entendre votre enfant quand vous êtes dans une autre pièce, est très utile. En revanche, l'utilisation d'un moniteur électronique, plus coûteux et plus sophistiqué, qui surveille sa respiration et ses mouvements, ne se justifie que pour les bébés courant un risque particulier. Si tel est le cas, votre pédiatre vous en parlera.

Des études indiquent que les moniteurs de surveillance stressent davantage les parents, à moins qu'ils aient reçu une formation approfondie pour les utiliser correctement.

QUE PENSER DES TÉTINES ?

Aux Pays-Bas, sur la foi d'études anciennes, les tétines sont réputées contribuer à la prévention de la mort subite du nourrisson.

Englobant tous les travaux réalisés à ce jour, une étude plus récente a révélé l'existence d'un lien entre l'utilisation d'une tétine et la réduction du risque de mort subite du nourrisson ; mais elle a conclu que la tétine n'avait pas nécessairement un rôle protecteur.

Au Royaume-Uni, on pense que l'habitude de la tétine entraverait le bon déroulement de l'allaitement ; elle n'est pas recommandée dans les ouvrages spécialisés traitant de la mort subite du nourrisson.

Les avis divergent donc d'un pays à l'autre.

Attention à la température

Autrefois, on pensait que la mort subite du nourrisson était avant tout provoquée par une température excessive. Depuis que les bébés dorment sur le dos et que le nombre de morts subites a considérablement baissé, ce problème est moins souligné, même si des bébés continuent de mourir d'hyperthermie.

Si votre enfant dort dans sa propre chambre, maintenez une température comprise entre 18 et 20° C. Utilisez de préférence une turbulette ou un surpyjama pour le vêtir la nuit, éventuellement une couverture légère, mais ne mettez jamais ni duvet ni couette ni édredon.

Haro sur les matelas d'occasion

Au début des années 1990, les médias ont révélé que la mort subite du nourrisson pouvait être associée à l'emploi de matelas d'occasion ; en effet, il s'agit de l'un des facteurs de risque – même si des recherches récentes indiquent que cela ne concernerait que les matelas provenant d'un autre foyer et non ceux déjà utilisés pour les grands frères ou les grandes sœurs du bébé. Nul besoin d'acheter un nouveau matelas à chaque naissance !

Assurez-vous que le matelas s'adapte bien au berceau et qu'il est d'une propreté irréprochable ; cela est le cas s'il est recouvert de PVC ou d'un autre revêtement imperméable.

Ne vous faites pas prêter de literie ; n'achetez rien d'occasion.

Le « cododo » : une protection contre la mort subite

L'étude la plus récente et la plus complète réalisée en Grande-Bretagne sur la mort subite du nourrisson a révélé ceci : quand un bébé dort dans la même chambre que ses parents, le risque de décès est divisé par deux. Elle a également montré que le partage du lit parental ne posait aucun problème, à condition de respecter certaines règles de sécurité.

En Asie, où le sommeil partagé est la norme, le taux de mort subite est très bas ; et il est intéressant de noter qu'il reste bas même chez les familles émigrées en Occident. Toutefois, plus ces familles s'installent, plus le taux augmente, sans doute parce qu'elles adoptent les normes culturelles occidentales et se mettent à dormir séparément de leur bébé.

Les bébés vont mieux !

L'Américain James McKenna, professeur d'anthropologie et directeur du laboratoire d'étude sur le sommeil mère-enfant de l'université Notre-Dame, dans l'Indiana, est l'un des pionniers de la recherche sur le sommeil partagé : avec son équipe, il a pu mesurer les différences physiologiques existant entre les enfants qui dorment seuls et ceux qui dorment avec leur mère. Contrairement à une idée reçue, ceux qui partagent le lit parental respirent mieux, ont un rythme cardiaque et une température corporelle plus stables, mangent mieux, dorment plus, ont moins d'apnées du sommeil et pleurent moins.

Selon lui, les bébés qui présentent des mécanismes d'éveil déficients tirent un grand profit à dormir avec leurs parents car ils passent alors moins de temps en sommeil lent et profond. Il a constaté qu'une mère dormant avec son bébé se penche sur lui six à dix fois par nuit afin de vérifier qu'il va bien, ce qui a pour effet de prolonger la durée des éveils de l'enfant.

McKenna souligne que, chez les bébés des grands singes, être séparé à court terme de sa mère a des conséquences physiologiques graves : la température de la peau baisse, les battements du cœur deviennent irréguliers, le système immunitaire est moins efficace, le stress s'accroît et le nombre d'anticorps diminue dans le sang.

Une respiration plus régulière

Le nouveau-né possède un réflexe archaïque qui le fait haleter quand il risque de suffoquer, mais ce réflexe disparaît au bout de quelques semaines ; dans une certaine mesure, le bébé dépend alors des adultes pour réguler sa respiration.

Diverses recherches ont montré que, lorsque la mère et l'enfant dorment ensemble, ils se font face et sont assez proches pour inhaler le dioxyde de carbone de l'autre ; c'est peut-être ainsi que la mère incite son bébé à respirer avec davantage de régularité.

Par ailleurs, Deborah Jackson, auteur d'un ouvrage sur le sommeil partagé, a constaté ceci : pour apprendre à parler, un bébé doit modifier sa façon de respirer, passant de quatre-vingt-sept à quarante-sept aspirations environ par minute. Ce changement survient entre deux et quatre mois, l'âge pendant lequel le risque de mort subite du nourrisson est le plus élevé.

Sans oublier l'allaitement

L'allaitement maternel constituerait une protection supplémentaire contre la mort subite du nourrisson. Une telle information n'a pas été largement diffusée, dans la mesure où d'autres facteurs interviennent ; par exemple, les mères qui donnent le sein sont plus nombreuses à partager leur lit que celles qui donnent le biberon.

UN BÉBÉ EST SUR LE DOS QUAND IL DORT AVEC SA MAMAN

S'il est impératif de coucher votre bébé sur le dos car c'est plus sûr pour lui, en revanche votre sommeil risque d'en pâtir car il se réveille plus facilement dans cette position.

Quand une maman et son enfant dorment dans le même lit, le bébé est toujours couché sur le dos : c'est ainsi qu'il peut le mieux téter. James McKenna suggère que les bébés dormant seuls sont plus volontiers couchés sur le ventre ; il a constaté que les mères qui prenaient leur bébé dans leur lit le couchaient toujours sur le dos, mais que ces mêmes mères couchaient parfois leur bébé sur le ventre quand il dormait seul.

Règles de sécurité dans votre lit

1. Veillez à ce que votre bébé ne puisse pas tomber de votre lit. Une solution consiste à pousser le lit contre le mur. Dans certains cas, il est difficile d'éviter qu'il y ait un espace entre le mur et le sommier ou le matelas : mieux vaut alors utiliser une barrière de sécurité mobile ; les systèmes en maille sont sans doute plus sûrs que les dispositifs à lattes. Assurez-vous que la barrière de sécurité est bien calée contre les bords du matelas afin d'éviter que votre bébé tombe dans un creux. On trouve aujourd'hui dans le commerce des berceaux dont les côtés se rabattent et dont le fond se remonte à la hauteur du lit parental.

2. Ne laissez pas votre bébé dormir seul dans un lit d'adulte.

3. S'il y a d'autres enfants dans le lit, ne les laissez pas dormir à côté du bébé.

4. Utilisez un lit aussi grand que possible.

5. Veillez à ce que la tête de votre bébé ne risque pas d'être recouverte ni par une couette ni par un oreiller ni par un coussin. Mieux vaut utiliser une couverture légère plutôt qu'un duvet pour adultes.

6. Ne dormez pas avec votre bébé sur un canapé, un matelas d'eau ou tous accessoires de literie mous. Votre bébé doit dormir sur une surface plus ferme.

7. Abstenez-vous de porter des colliers ou tout vêtement à lanières.

8. Évitez que votre bébé ait trop chaud : s'il dort avec vous, il lui faut un vêtement moins épais que s'il dormait seul.

Ne prenez pas votre bébé dans votre lit :
- si vous fumez ou si votre compagnon fume ;
- si vous avez bu de l'alcool ou si vous avez pris des médicaments tels que des sédatifs ou des antalgiques puissants ;
- si vous êtes extrêmement fatiguée.

Règles de sécurité dans son berceau

1. N'utilisez pas un berceau ou un matelas d'occasion. Assurez-vous qu'ils sont conformes aux normes actuelles de sécurité.

2. Vérifiez qu'il n'y a pas d'espace entre le lit et le matelas.

3. Il est préférable de ne pas utiliser de tour de lit. Si vous en mettez un, il doit comporter au moins six fixations d'une longueur inférieure à quinze centimètres.

4. Installez votre bébé sur le dos.

5. N'utilisez pas de literie ou d'oreiller moelleux susceptibles d'entraîner un risque de suffocation.

6. Pour les bébés âgés de moins de un an, n'utilisez ni couverture ni couette mais préférez une turbulette ou un surpyjama. Ne l'habillez pas trop chaudement.

7. Ne chauffez pas trop la pièce : sa température doit être comprise entre 18 et 20 °C.

8. Une fois que votre bébé saura s'asseoir, réglez la hauteur de son matelas afin qu'il ne puisse pas passer par-dessus le lit, et retirez le tour de lit.

9. Placez tous les mobiles hors de sa portée ; une fois qu'il saura s'asseoir, retirez-les complètement.

CHAPITRE 25

RÉCAPITULONS : FAITES-VOUS CONFIANCE

Pour un être humain, la privation de sommeil est l'un des pires supplices qui soient – selon Amnesty International, plus de la moitié des victimes de tortures ont été privées de sommeil pendant vingt-quatre heures au moins. Car la privation de sommeil favorise le lavage de cerveau et suscite de l'irritabilité, des trous de mémoire et des hallucinations ; un individu perd la faculté de formuler des phrases cohérentes et de se concentrer ; à terme, cela peut conduire à la mort – Persée, roi de Macédoine, aurait péri ainsi en captivité.

Effrayant, non ? Si vous lisez cet ouvrage en attendant votre premier enfant, peut-être avez-vous déjà des idées bien précises sur la manière dont votre bébé dormira, sur l'endroit où vous le ferez dormir ou sur son rythme ; peut-être est-ce également le cas de votre compagnon. Mais serez-vous d'accord tous les deux ?

Ce qu'en pensent les autres

Comme vous l'avez sans doute constaté autour de vous, les conseils prodigués aux jeunes parents ne manquent pas et n'ont jamais manqué.

Toutes les générations ont connu des tendances différentes et des modes nouvelles. Une seule certitude : chaque génération met un point d'honneur à ignorer les recommandations faites par la précédente, choisissant souvent de faire rigoureusement l'inverse.

Quoi qu'il en soit, tout le monde a des idées bien arrêtées sur les bébés et sur leur sommeil. Et vous ?

Ce que vous en pensez

Votre attitude face à votre bébé, en particulier la nuit, sera sans doute influencée par la manière dont on vous a élevée. Vous a-t-on laissée pleurer ? Si c'est le cas, il est possible que l'idée d'entendre votre enfant pleurer, ne serait-ce que quelques minutes, vous fasse horreur.

Votre compagnon a-t-il passé ses nuits dans le lit de ses parents ? Dans ce cas, ses souvenirs sont certainement marqués par un sentiment de sécurité, de chaleur et d'affection ; sans doute désire-t-il offrir la même expérience à son enfant. Ses besoins ayant été assouvis lorsqu'il était tout petit, il sera probablement moins désemparé par les pleurs de son bébé et suivra plus volontiers les conseils de ceux qui lui disent de le laisser crier.

Vous le savez maintenant, divers arguments plaident en faveur des deux approches – laisser un bébé pleurer ou ne jamais le laisser pleurer ; tout dépend également de son âge (voir le chapitre 19). Mais il est impossible de dire de l'une ou de l'autre position qu'elle est en soi « juste » ou « fausse » ; elles n'en susciteront pas moins des réactions passionnées chez les deux parents. Pour le bien-être de votre couple, il est important que votre conjoint et vous en discutiez tranquillement, pour que vous sachiez ce que vous faites et pour quelles raisons.

Au lieu d'être déstabilisée par les commentaires de votre entourage, réfléchissez tout simplement à ce que vous voulez. Par exemple, si vous allaitez la nuit et si cela vous plaît, peut-être ne trouvez-vous pas dérangeant que votre bébé ne fasse pas encore ses nuits ; en revanche, si vous avez le sentiment d'être devenue une zombie et si la privation de sommeil confine à la torture, alors il est grand temps d'arrêter de lui donner à manger la nuit !

Ce qu'en dit une psychanalyste

Dilys Daws, psychothérapeute au Tavistock Institute de Londres, aide les parents dont les enfants rencontrent des troubles du sommeil. Pour elle, ces problèmes résultent d'un échec à résoudre certaines difficultés dans la relation parents-bébé, et notamment les sentiments liés à la séparation ; la mise en place d'un rythme éveil-sommeil est influencée par les interactions entre le bébé et ses parents.

Son travail thérapeutique vise donc à aider tout le monde à mieux gérer la séparation. Car, pour dormir, il faut qu'un enfant soit capable, sur le plan psychique, d'accepter la séparation d'avec ses parents. On considère qu'il y a un problème, précise-t-elle, quand les parents ne comprennent pas pourquoi leur bébé se réveille, quand ils ont le sentiment que ces réveils n'obéissent pas à des causes rationnelles ou quand leur bébé continue de se réveiller alors que le motif initial a disparu.

Écoutez-vous, adaptez-vous

Tout au long de cet ouvrage, j'ai abordé les différentes manières d'aider un bébé à s'apaiser et à dormir. Mais il est utile de vous poser la question suivante : pour vous, qu'est-ce qu'un problème de sommeil ? Et pourquoi est-ce un problème ? Essayez-vous de faire ce que les autres vous disent de faire ? N'oubliez pas ceci : ce qui constitue un problème pour les uns peut être une solution pour les autres…

Souvenez-vous également que, lors des premiers temps, les rythmes de sommeil d'un enfant se modifient. Ne vous attendez donc pas à ce qu'il garde le même comportement d'une période à l'autre ; on ne peut pas appliquer la même méthode à un nouveau-né, à un nourrisson de six mois et à un enfant de six ans. De même, apprendre la propreté à un nouveau-né n'a aucun sens, alors que cela devient important pour un enfant de deux ans ; et il est inconcevable de laisser un bambin se promener tout seul dans la rue, alors que c'est vivement conseillé pour un jeune homme de seize ans ! La solution qui fonctionne aujourd'hui sera inappropriée demain.

À chaque âge ses apprentissages : si vous décidez de prendre votre bébé de deux semaines dans votre lit, cela ne signifie pas que vous devrez le faire toute votre vie ! De même, c'est une excellente chose de poser des limites à un enfant ou à un adolescent, de lui apprendre qu'il ne peut pas avoir tout ce qu'il veut, mais est-ce une approche adaptée à un nouveau-né ?

À savoir également : si vous êtes enceinte, peut-être changerez-vous totalement d'avis après la naissance, quand une troisième personne sera à prendre en considération. Il n'y a rien de mal à cela, au contraire : bienvenue dans le monde en perpétuelle évolution de la parentalité !

QUAND DES JUMEAUX DORMENT ENSEMBLE

Les recherches les plus récentes menées par Helen Ball portent sur les jumeaux qui partagent le même lit. En général, les jumeaux qui dorment ensemble restent beaucoup plus longtemps dans la chambre de leurs parents, sans doute parce qu'il est plus facile de garder près de soi un berceau plutôt que deux. Les familles interrogées couchaient les bébés dans l'une des positions suivantes :

- côte à côte dans le sens de la longueur ;
- tête contre tête dans le sens de la longueur ;
- pieds contre pieds dans le sens de la longueur ;
- côte à côte dans le sens de la largeur ;
- en diagonale, la tête dans un coin et les pieds au milieu du lit pour l'un des enfants, la tête au milieu du lit et les pieds dans un coin pour l'autre enfant.

Helen Ball a constaté que les jumeaux couchés côte à côte dans le sens de la longueur avaient le plus souvent des rythmes de sommeil identiques. Quand l'un d'entre eux se réveillait et pleurait, cela ne dérangeait pas l'autre. De la même manière, qu'ils dorment ensemble ou séparés, leur température corporelle n'était pas plus élevée.

Être parent, c'est…

« Jusqu'à deux mois et demi, raconte Carole, ma fille Autumn se mettait à pleurer dès qu'elle quittait mes bras. Manger et être portée étaient les deux seules activités qui la calmaient. Quand elle avait cet âge, je n'arrivais pas à savoir pourquoi elle pleurait ; j'essayais de lui donner à manger, puis je me promenais avec elle dans les bras, je la changeais ou je la reposais lorsque rien ne marchait. J'ai beaucoup utilisé le porte-bébé – dès que nous sortions, parfois pour lui donner à manger ou pour passer l'aspirateur !

« Tout à coup, vers dix ou onze semaines, Autumn a commencé à mettre en place ses petites habitudes et à apprécier de passer des moments séparée de moi, installée sous son portique ou dans son transat.

« Jusqu'alors, elle dormait dans un couffin, dans notre chambre. Mais comme elle ne mangeait plus qu'une fois par nuit, j'ai commencé petit à petit à placer le couffin dans sa chambre. Au début, je la couchais dans son lit puis je la réveillais vers 22 h 30 pour lui donner à manger, avant de l'installer dans le couffin, dans notre chambre, lorsque nous allions nous coucher. Elle avait l'air très contente d'être dans son lit et je savais que je l'entendrais si elle se réveillait : alors je l'ai laissée dormir tout le temps dans son lit, notamment parce que son couffin était devenu trop petit et qu'elle faisait du bruit en dormant. »

L'histoire de Carol et d'Autumn est une excellente manière de conclure. Pendant ses dix premières semaines, Carol a assouvi le besoin de réconfort physique de sa fille, qui s'est peu à peu adaptée au monde extérieur. Quand Autumn a compris qu'elle était en sécurité et qu'elle pouvait compter sur sa maman, elle a pris plaisir, petit à petit, à passer du temps séparée d'elle, faisant de nouvelles expériences en jouant, car c'est ainsi que les bébés apprennent. Autumn a commencé également à avoir moins besoin de sa mère la nuit, donc à dormir pendant des périodes plus longues. Vers quatre mois, c'est le besoin de Carol d'avoir de bonnes nuits de sommeil qui a pris le dessus, et Autumn a passé ses nuits dans son lit.

Chaque enfant est unique ; il est peu probable que le vôtre fasse la même chose qu'Autumn. Toutefois, l'expérience de Carol a valeur d'exemple : c'est la réponse d'une mère aux besoins de son bébé, des besoins qui sont en perpétuelle évolution. Être parent, c'est apprendre à se faire confiance, découvrir les solutions appropriées non seulement pour son enfant mais pour toute la famille, être ouvert au changement, c'est rester souple et savoir s'adapter. Tel est le message que je désirais vous transmettre dans cet ouvrage.

ANNEXES

RÉGIME SANS LAIT DE VACHE POUR LES MÈRES QUI ALLAITENT

Ce régime a été élaboré par la diététicienne Elaine Antcliff à l'attention des conseillères en allaitement du National Childbirth Trust. Il est avant tout destiné aux mères qui allaitent et dont le bébé souffre de coliques. Nombreuses sont les explications possibles pour les coliques ; la sensibilisation au lait de vache dans l'alimentation maternelle n'est que l'une d'entre elles.

Ce régime peut également convenir aux mères qui allaitent et dont le bébé souffre d'eczéma.

Coliques, eczéma et intolérances alimentaires

Certains bébés souffrant de coliques ou d'eczéma présentent également des intolérances ou des allergies alimentaires. Demandez conseil à votre généraliste, qui vous indiquera un pédiatre pouvant établir un diagnostic spécifique. Un nutritionniste spécialisé en pédiatrie vous donnera des conseils précis quant à l'alimentation de votre enfant. Si nécessaire, il vous prescrira un lait maternisé hypoallergénique – un lait à protéines peu hydrolysées, à effet préventif – ou des hydrolysats de protéines – si votre bébé présente vraiment une allergie aux protéines du lait de vache.

Pendant deux semaines

Dans un premier temps, suivez strictement ce régime pendant deux semaines, car certains bébés mettent du temps à réagir. Si aucune amélioration n'apparaît au bout de ces deux semaines, il est peu probable que la poursuite du régime soit efficace.

Les aliments à proscrire

Pour avoir une alimentation totalement exempte de lait de vache, abstenez-vous de consommer non seulement du lait de vache sous quelque forme que ce soit – entier, demi-écrémé, écrémé, lyophilisé, condensé… –, mais aussi tous les produits laitiers – fromages, yaourts, crème fraîche, glaces, beurre, margarine…

Vérifiez la composition de tous les produits et de tous les plats cuisinés que vous consommez afin de vous assurer qu'ils ne contiennent aucun des ingrédients suivants, sous quelque nom que ce soit :

- lait ;
- produits laitiers ;
- solides non gras du lait ;
- lait écrémé ;
- crème ;
- fromage ;
- yaourt ;
- beurre ;
- margarine ;
- lactose ;

- protéines de lait ;
- caséine ;
- caséinate ;
- caséine hydrolysée ;
- protéines de lactosérum, ou petit-lait ;
- lactosérum hydrolysé ;
- lactoprotéines ;
- lactalbumine ;
- lactoglobuline.

Cette liste vous semble longue, mais vous prendrez vite l'habitude de vérifier la composition des aliments sur leur étiquette.

Mangez autant de produits frais que possible : cela rendra le régime plus facile.

Des apports énergétiques suffisants

L'alimentation d'une femme qui allaite est extrêmement importante. Pour être en forme, vous devez vous nourrir d'une manière équilibrée. En bannissant le lait de vache et tous les produits laitiers de vos menus, il se peut que vos apports énergétiques chutent brutalement, surtout si vous consommiez beaucoup de fromage. Dans ce cas, il vous faudra compenser en augmentant la part de certains aliments.

À noter : buvez abondamment, avant même d'avoir soif.

Le calcium

Une alimentation sans lait de vache peut se révéler très pauvre en calcium. Or une mère qui allaite a besoin d'apports élevés en calcium (1 200 mg par jour), qui sont nécessaires à la formation des os et des dents du bébé, et qui lui permettront de se protéger contre l'ostéoporose.

LES ALIMENTS LES PLUS RICHES EN CALCIUM EXCEPTÉ LE LAIT ET LES PRODUITS LAITIERS

Ce tableau vous aidera à avoir des repas équilibrés.
Il vous faut un apport quotidien de 1 200 mg de calcium.
La teneur en calcium est indiquée, en moyenne, en mg pour 100 g d'aliment.

Poissons et fruits de mer
Sardines à l'huile (avec arêtes) : 500 mg/100 g.
Sardines à la sauce tomate (avec arêtes), pilchards à la sauce tomate (avec arêtes), anchois à l'huile : 300 mg/100 g.
Escargots : 175 mg/100g.
Bigorneaux : 140 mg/100 g.
Sole, limande, moules, langoustines, bulots cuits, huîtres crues, crevettes cuites : 100 mg/100 g.
Carrelet, perche, sardine, hareng fumé, truite, langouste : 75 mg/100 g.

Céréales =
Biscottes au son : 300 mg/100 g.
Pain de mie : 100 mg/100 g.
Musli, céréales du petit-déjeuner au son : 75 mg/100 g.

Fruits secs et fruits séchés
Amande : 300 mg/100 g.
Noisette, figue sèche : 175 mg/100 g.
Pistache, sésame : 135 mg/100 g.
Graines de tournesol, noix : 100 mg/100 g.
Cacahouète, datte sèche : 75 mg/100 g.

Fruits frais
Cassis, raisin, figue : 75 mg/100 g.

Légumes
Cerfeuil : 300 mg/100 g.
Persil frais, cresson : 175 mg/100 g.
Pissenlit : 135 mg/100 g.
Radis noir, épinard : 100 mg/100 g.
Bette, olive noire, brocoli, haricot blanc ou rouge : 75 mg/100 g.
(Le poids indiqué est celui de légumes crus.)

Soja
Tofu, farine de soja : 175 mg/100 g.

Œufs
Jaune d'œuf : 135 mg/100 g.
Œufs brouillés, omelette : 75 mg/100 g.

Eau
Si vous vivez dans une région où l'eau est dure, 850 ml d'eau du robinet vous apporteront 100 mg de calcium.
Certaines eaux minérales sont plus ou moins riches en calcium : regardez les étiquettes sur les bouteilles.

Divers
Sel de mer : 100 mg/100 g.
Levure alimentaire : 75 mg/100 g.

Source : Agence française de sécurité sanitaire des aliments (www.afssa.fr).

La supplémentation en calcium

Si votre alimentation n'est pas assez riche en calcium, il vous faudra prendre des suppléments. Différentes marques en proposent, notamment sous forme de comprimés à croquer ou à dissoudre dans une boisson.

La vitamine D

Cette vitamine joue un rôle essentiel car elle favorise l'absorption du calcium par l'organisme. On la trouve avant tout dans les poissons gras (hareng, saumon, anchois, sardine, maquereau…), dans la margarine et la margarine allégée, dans les œufs et dans le foie d'agneau ou de génisse.

Pendant les mois d'été, quand notre peau est exposée au soleil, en général nous avons suffisamment de vitamine D. Certains suppléments en calcium en contiennent.

Les substituts de lait

Il est possible de remplacer le lait de vache par du lait de chèvre, qui contient une protéine différente ; leur teneur en calcium est comparable. Vous pouvez également consommer du fromage et du yaourt au lait de chèvre.

Le soja liquide peut se révéler très pauvre en calcium ; sur le plan nutritionnel, il n'est donc pas adapté pour remplacer le lait de vache, mais il existe du soja liquide enrichi en calcium. Si vous n'aimez pas son goût, sucrez-le un peu ou préparez avec lui toutes sortes de crèmes et d'entremets : c'est délicieux.

Consommez des margarines contenant exclusivement des graisses végétales. Certaines margarines allégées ainsi que des margarines pur soja conviennent aussi, mais vérifiez attentivement leurs ingrédients, car la composition de ces produits peut changer.

Les biberons de complément

Essayez de nourrir votre bébé avec du lait maternel uniquement ; si cela vous est possible, prélevez votre lait au moyen d'un tire-lait, pour le surgeler : vous aurez ainsi des réserves en cas d'urgence.

Si vous deviez donner un biberon de complément à votre enfant, préférez un lait en poudre hypoallergénique : demandez conseil à votre pédiatre.

Attention : le lait de chèvre ne convient pas à l'alimentation des nourrissons.

Réintroduire le lait de vache

Si, après ce régime de deux semaines, vous constatez une amélioration, poursuivez-le pendant quelques semaines ou quelques mois.

Une fois par mois environ, essayez de boire un verre de lait pour voir si cela a un effet sur votre bébé : si oui, continuez un régime strict sans lait de vache ; si ce n'est pas le cas, la poursuite du régime n'est sans doute plus nécessaire. Toutefois, attention à ne pas prendre trop de laitages : certaines mères ont constaté que la consommation de quantités importantes de lait ou de fromage se ressentait parfois sur leur bébé.

Le sevrage

Lorsque vous sèvrerez votre enfant, veillez à ne pas lui donner d'aliments contenant du lait de vache ou des produits laitiers. Vérifiez soigneusement la composition de tous ses aliments.

Adresses utiles

Associations et sites Internet

Informations générales

• doctissimo.fr est un site d'information médicale grand public qui contient une rubrique « Grossesse et bébé » informée et mise à jour ; des forums permettent de dialoguer sur de nombreux sujets avec d'autres mamans.

L'alimentation d'un bébé

• Distribué gratuitement dans les lieux consacrés à l'enfance et disponible sur Internet, « La santé vient en mangeant et en bougeant » est un guide nutritionnel destiné à tous les parents. Publié en 2004 dans le cadre du programme national nutrition santé mis en place par l'Agence française de sécurité sanitaire des aliments (AFSSA), il contient un chapitre sur l'alimentation des enfants de 0 à 3 ans. Sur Internet : mangerbouger.fr

L'allaitement maternel

• La Leche League France : cette célèbre association apporte de nombreuses informations et un soutien actif pour allaiter son enfant. Vous pouvez contacter des animatrices dans votre région, qui sont des mères bénévoles, et assister à des réunions. Tél. : 01 39 58 45 84. Sur Internet : lllfrance.org

• De nombreux sites sont consacrés à l'allaitement maternel, par exemple :
allaiter.free : un réseau de marraines d'allaitement maternel a été mis en place.
info-allaitement.org : le site de l'association d'information pour l'allaitement (IPA).

Trouver de l'aide

• La Maison verte : fondé par Françoise Dolto en 1979, ce lieu d'accueil est destiné aux enfants, aux parents et aux futurs parents. Les enfants y viennent accompagnés d'un adulte – le père, la mère ou la personne qui les garde – et sont accueillis dans un climat de sécurité. À partir de ce modèle, de nombreux autres lieux d'accueil pour les tout-petits ont été créés un peu partout en France. La Maison verte (« maison mère ») : 13, rue Meilhac. 75015 Paris. Ouverte du lundi au vendredi de 14 h à 19 h, le samedi de 15 h à 18 h 30. Tél. : 01 43 06 02 82. Sur Internet : lamaisonverte.asso.fr

• L'École des parents : fondée par des parents, des psychologues et des éducateurs, cette association offre plusieurs services.

La Maison de l'École des parents (164, boulevard Voltaire. 75011 Paris) propose des ateliers pour les enfants et leurs parents, des rencontres et des consultations individuelles (tél. : 01 44 93 24 14), et renferme la « Maison ouverte », un lieu d'accueil, de rencontre et d'échange pour les enfants jusqu'à quatre ans accompagnés d'un adulte (ouverte le mardi de 9 h à 12 h et de 13 h 30 à 18 h, du mercredi au samedi de 13 h 30 à 18 h, tél. : 01 44 93 24 10).

Le Café de l'École des parents permet de rencontrer des gens, de bénéficier notamment de permanences de psychologues (162, boulevard Voltaire. 75011 Paris, ouvert du mardi au samedi de 10 h à 19 h, le mardi jusqu'à 22 h. Tél. : 01 43 67 54 00. Sur Internet : cafe-des-parents.com).

Pour obtenir une aide par téléphone : Inter service parents, service d'écoute téléphonique anonyme où on répond à toutes vos questions (tél. : 01 44 93 44 93).

Le « cododo », ou le sommeil partagé

• Le site cododo.free.fr est consacré au sommeil partagé : il donne des conseils pratiques, fait le point sur cette pratique tant en France qu'à l'étranger, mentionne les études sociologiques et médicales réalisées à ce jour.

La mort subite du nourrisson

• « Naître et vivre » : fondée en 1984, cette association lutte par tous les moyens contre la mort subite du nourrisson : elle organise des campagnes de prévention et des forums, et alerte les pouvoirs publics ; elle assure également une permanence téléphonique pour tous. 5, rue La Pérouse. 75116 Paris. Tél. : 01 47 23 05 08. Sur Internet : naître-et-vivre.asso.fr

Bibliographie

BOWER, Thomas G., *Le Développement psychologique de la première année chez l'enfant*, Bruxelles, Pierre Mardaga, 1995.

BRAZELTON, Dr Terry Berry, *Points forts*, Paris, Le Livre de poche, 1999.

BRAZELTON, Dr Terry Berry, *Échelle d'évaluation des compétences néonatales*, Chêne-Bourg, Médecine et hygiène, 2001.

BRAZELTON, Dr Terry Berry et SPARROW, Joshua D., *Points forts : de 3 à 6 ans. Le développement émotionnel et comportemental de votre enfant*, tome II, Paris, Le Livre de poche, 2004.

DAWS, Dilys, *Les Enfants qui ne dorment pas la nuit*, Paris, Payot, 1999.

JACKSON, Deborah, *La Sagesse des mères. Secrets traditionnels de la grossesse, de l'allaitement et de la maternité*, Paris, Le Seuil, 2000.

KARP, Dr Harvey, *Le Plus Heureux des bébés*, Paris, L'art de l'apprivoiser, 2003.

MORRIS, Desmond, *Le Bébé révélé*, Paris, Calman-Lévy, 1994.

SEARS, Dr William, *Être parent le jour… et la nuit aussi*, Éditions Leche League Internationale, s. d.

Index thématique

Table des matières

Premier temps
« J'ai faim ! »

DEUXIÈME TEMPS
« RASSURE-MOI ! »

Troisième temps
« Et si on allait au lit ? »

Annexes

Enfants - grossesse au catalogue Marabout

- **100 recettes pour booster l'intelligence de votre enfant** - *N. Graimes* - Marabout Pratique
- **10 000 prénoms du monde entier** *P. Raguin* - Poche n° 3139
- **Adolescents, la crise nécessaire** *S. Clerget* - Poche n° 3189
- **Ados** - *A. Schapiro-Niel* - Poche n° 3187
- **Ados, comment les motiver ?** *V. Acker, C. Inzirillo, B. Lefebvre* - Poche n° 3162
- **Ados, les bons plans** - *S. Turcaud* - Marabout Pratique
- **Aimer sans tout permettre** *Dr F. Dodson* - Poche n° 3101
- **Alimentation santé : la femme enceinte** *S. Bambridge et J. Copeland* - Marabout Pratique
- **Après une césarienne** *C. Gallagher-Mundy* - Marabout Pratique
- **Au coeur des émotions de l'enfant** *I. Filliozat* - Poche n° 3171
- **Autorité, pourquoi, comment (L')** - *A. Bacus* - Psy
- **Aux petits maux les bons remèdes** *Dr G. Pacaud* - Poche n° 3209
- **Bébé calme** - *C. Deacon* - Poche n° 3204
- **Bébé dis-moi qui tu es** - *Dr P. Grandsenne* - Poche n° 3160
- **Bébé mode d'emploi** - *C. Pinson et Dr M. Sznajder* - Santé
- **Bébé mode d'emploi** *C. Pinson et Dr M. Sznajder* - Marabout Pratique
- **Bébé, raconte-moi tes premières fois** *Dr P. Grandsenne* - Poche n° 3195
- **Bébé pleure, que faire ?** - *A. Bacus* - Poche n° 3191
- **Bébé trucs** - *C. Pelle-Douel* - Poche n° 3179
- **Bible des prénoms (La)** - *F. Le Bras* - Référence
- **Bien choisir le mode de garde de votre enfant**

Dr S. Angel - Marabout Pratique

- **Ce dont chaque enfant a besoin**
  T. Berry Brazelton et S. Greespan - Poche n° 3182
- **Cent histoires du soir -** *S. Carquain* - Essai
- **Cent histoires du soir -** *S. Carquain* - Poche n° 3175
- **Choisir un animal pour son enfant**
  J. Cuvelier - Marabout Pratique
- **Comment rendre son renfant plus attentif**
  G. d'Ambra et J. Thomas - Psy
- **Comprendre les besoins de votre enfant**
  Dr A. Solter - Poche n° 3167
- **Cuisiner pour les enfants -** Marabout Chef
- **Des frères et des sœurs -** *Dr S. Angel* - Poche n° 3681
- **Des premiers pas à la maternelle : toutes les clés pour réussir son éducation**
  Dr C. Green - Référence
- **Destination maman -** *A. Schapiro-Niel* - Poche n° 3197
- **Deux maisons pour grandir -** *S. Cadolle* - Psy
- **Échographie mode d'emploi**
  Pr S. Campbell - Marabout Pratique
- **Écouter et soigner son enfant aujourd'hui**
  Dr M. Sznajder - Poche n° 3206
- **Élever un garçon -** *S. Biddulph* - Poche n° 3180
- **Enfants : accros de la télé -** *Dr S. Clerget* - Poche n° 3193
- **Enfants trucs -** *C. Pellé-Douël* - Poche n° 3201
- **Être enceinte à Paris -** *V. Lamour* - Poche n° 3207
- **Être enceinte et travailler**
  C. Pellé-Douel et Dr P. Lhuillier - Marabout Pratique
- **Et s'il était surdoué ? -** *S. Gérin* - Poche n° 3170
- **Grandir avec ses enfants** - *N. Prieur* - Poche n° 3178
- **Guide de l'allaitement (Le)**
  C. Pellé-Douël - Marabout Pratique

- **Guide des mamans débutantes (Le)**
  A. Bacus - Marabout Pratique
- **Guide du jouet** - *A. Bacus* - Marabout Pratique
- **Guide de l'adoption** - *Janice Peyré* - Référence
- **Guide de votre enfant de 1 à 3 ans**
  A. Bacus - Marabout pratique
- **Guide de survie du père célibataire**
  C. Quillien - Poche n° 3198
- **Guide Marabout de la future maman (Le)**
  M.-C. Delahaye - Référence
- **Guide pratique de la femme enceinte**
  M.-C. Delahaye - Marabout Pratique
- **Homéopathie : la femme enceinte**
  Dr C. Rocher - Marabout Pratique
- **Homéopathie : l'enfant** - *Dr J. Boulet* - Marabout Pratique
- **Il mange un peu, trop, pas assez**
  Dr B. Boucher et N. Rigal - Psy
- **Itinéraire d'un nouveau-né**
  Dr E. Antier et R. Regard - Poche n° 3163
- **J'accouche dans un mois**
  E. Cosquer-Fery - Marabout Pratique
- **Je soigne mon enfant par homéopathie**
  Dr G. Pacaud - Poche n° 2861
- **Jeune papa** - *M. Micucci* - Poche n° 3186
- **Journal de mon bébé (Le)** - Hors collection
- **Jumeaux mode d'emploi**
  M. Malmstrom et J. Poland - Poche n° 3194
- **Kilos ados** - *Dr A. Cocaul et M. Belouze* - Marabout Pratique
- **Livre de bord de bébé (Le)** - *C. Pinson* - Livre de bord
- **Livre de bord de la future maman (Le)**
  M.-C. Delahaye - Poche n° 2717
- **Livre de bord de votre enfant de 1 jour à 3 ans (Le)**
  A. Bacus - Livre de bord
- **Livre de bord de votre enfant de 3 ans à 6 ans (Le)**
  A. Bacus - Livre de bord

- **Livre de bord des prénoms (Le)**
  F. Le Bras - Livre de bord
- **Maman solo -** *K. Tavarès et G. Viala* - Psy
- **Massages pour bébé -** *D. Belforti, S. Testas et K. Vyas* - Santé
- **Maxi prénoms -** *F. Le Bras* - Maxi
- **Même plus peur ! -** *A. Bacus* - Psy
- **Mon bébé comprend tout -** *Dr A. Solter* - Poche n° 3156
- **Mon enfant a confiance en lui -** *A. Bacus* - Poche n° 3192
- **Ne sois pas triste, mon enfant**
  Dr S. Clerget - Poche n° 3185
- **Nounou ou crèche que choisir ?**
  Dr S. Angel - Poche n° 3210
- **Où accoucher en France -** *V. Lamour* - Poche n° 3208
- **Parents efficaces -** *Dr T. Gordon* - Poche n° 3102
- **Parents efficaces au quotidien**
  Dr T. Gordon - Poche n° 3138
- **Père et son enfant (Le)** - *Dr F. Dodson* - Poche n° 3100
- **Petit dyslexique deviendra grand -** *R. Duvillié* - Psy
- **Petits maux de la grossesse**
  Dr C. Chardonnet-Rémusat - Marabout Pratique
- **Petites recettes pour grandir**
  R. Jackson et Dr A. Cocaul - Marabout Pratique
- **Plus beaux prénoms originaux (Les)**
  F. Le Bras - Poche n° 3158
- **Pourquoi les aînés veulent diriger le monde et les benjamins le changer -** *M. Grose* - Poche n° 3205
- **Premiers repas de bébé**
  B. Vié et H. Bouchet - Marabout Pratique
- **Prénoms et origines -** *F. Le Bras* - Poche n° 3188
- **Prénoms, un choix pour l'avenir (Les)**
  C. Mercier - Poche n° 3114
- **Quel instrument pour quel enfant ?**
  L. Bauvillard-Lesgourgues - Marabout Pratique

- **Quel sport pour quel enfant ?**
  Dr M. Binder - Marabout Pratique
- **Questions au spy** (spécial petits)
  A. Bacus - Marabout Pratique
- **Retrouver sa silhouette après une grossesse**
  S. Lewis - Marabout Pratique
- **Secret des enfants heureux (Le)**
  Steve Biddulph - Poche n° 3181
- **Secret des enfants heureux (Le)** (vol. 2)
  Steve Biddulph - Poche n° 3184
- **Se faire obéir sans crier**
  B. Unell et J. Wyckoff - Poche n° 3169
- **Sexo ados -** *Dr C. Solano* - Marabout Pratique
- **Sexo ados -** *Dr C. Solano* - Poche n° 3202
- **Sommeil de votre enfant (Le) -** *A. Bacus* - Poche n° 3196
- **Tous les enfants peuvent réussir**
  A. de La Garanderie et G. Cattan - Poche n° 3155
- **Tout se joue avant 6 ans -** *Dr F. Dodson* - Poche n° 3115
- **Toutes les adresses de la femme enceinte**
  V. Lamour - Référence
- **Toutes les questions au pédiatre**
  Dr A. Galland - Poche n° 3173
- **Toutes les questions au psy -** *A. Bacus* - Poche n° 3176
- **Vivre avec un enfant différent**
  P. Restoux et Handicap International - Marabout Pratique
- **Votre bébé de 1 jour à 1 an** - *A. Bacus* - Poche n° 3120
- **Votre enfant de 1 an à 3 ans** - *A. Bacus* - Poche n° 3121
- **Votre enfant de 3 à 6 ans** - *A. Bacus* - Poche n° 3122
- **Votre enfant de 3 à 6 ans -** *A. Bacus* - Marabout Pratique
- **Votre enfant est-il précoce ? -** *C. Beylouneh* - Psy
- **Votre grossesse -** Référence
- **Yoga pour femme enceinte**
  R. Widdowson - Marabout Pratique

3162

IMPRIMÉ EN FRANCE PAR BRODARD ET TAUPIN
31964 - La Flèche (Sarthe), le 20-10-2005.

pour le compte des
Nouvelles Éditions Marabout
D.L. n° 64340 - octobre 2005
ISBN : 2-501-04335-9
40-9289-6/01